AF296921

LES DROITS DE L'ALLEMAGNE

SUR

L'ALSACE ET LA LORRAINE

LES
DROITS DE L'ALLEMAGNE

SUR

L'ALSACE ET LA LORRAINE.

....

A PROPOS D'UN PAMPHLET ·PUBLIÉ RÉCEMMENT

....

PAR

HENRI DE SYBEL,

Professeur à l'Université de Bonn,
Membre de l'Académie de Munich,
Associé des Académies de Berlin
et de Bruxelles.

———— ⟶◇◇⟵ ————

BRUXELLES,

COMPTOIR UNIVERSEL D'IMPRIMERIE ET DE LIBRAIRIE,

Victor DEVAUX et Cie,

26, rue St-Jean

1871

AVANT-PROPOS DU TRADUCTEUR.

Les personnes compétentes s'étonneront peut-être qu'un historien dont l'autorité morale et scientifique est considérable, se soit donné la peine de répondre à un auteur qui est plus connu, hors de France, comme littérateur et comme artiste que comme historien exact. Elles s'étonneront davantage encore, si elles ont parcouru le factum dont il s'agit. En effet, ce pamphlet ne semble mériter honneur pareil ni par le ton qui y règne, qui n'est pas toujours celui de la bonne compagnie, ni surtout par son contenu, singulier mélange de banalités et de fictions, plus ou moins naïves, plus ou moins effrontées.

Nous pensons qu'il en a dû coûter à M. de Sybel, de le lire jusqu'au bout, d'en noter les plus grosses erreurs, de les relever, et de répéter à ce sujet mainte chose qu'on devrait savoir. Pourtant il a pris la plume. Il s'est dit, sans doute, que si l'on doit pardonner beaucoup aux gens malheureux et surexcités, que si les patriotes allemands, en particulier, peuvent dédaigner aujourd'hui plus que jamais les colères impuissantes des envieux, il n'en reste pas moins certain que l'historien, et en première ligne celui qui enseigne l'histoire, a pour mission de défendre la vérité historique contre les outrages de l'ignorance, de la légèreté ou de la mauvaise foi.

De là ce petit écrit, inédit encore, que nous avons essayé de traduire. Les amis de la vérité en remercieront l'auteur, quelles que soient leurs opinions politiques et leurs sympathies nationales. La vérité, comme la justice, n'est d'aucune nation ni d'aucun parti.

Bruxelles, le 20 février 1871.

Les pages qui suivent, sont consacrées à l'examen succinct d'une brochure qui vient de paraître à Bruxelles sous le titre de : *Les Droits de la France sur l'Alsace et la Lorraine* (1).

Ce n'est pas le mérite scientifique de l'œuvre qui m'engage à entrer en lice à son sujet. Elle est telle, en effet, par la forme et par le fond, que la seule critique digne de la science serait de n'y faire absolument aucune attention. Ce qui me décide, néanmoins, à ne pas garder le silence, c'est en première ligne la personne

(1) Par M. ALFRED MICHIELS, avec cette épigraphe : *Sans l'obstination avec laquelle l'Allemagne revendique, comme lui appartenant, l'Alsace et la Lorraine, la paix serait conclue depuis longtemps : or, les prétentions de l'Allemagne ont pour base des fictions audacieuses, qui sont un faux en matière historique.* Bruxelles, 1871. 80 pages in 8°

même de l'auteur. M. Alfred Michiels n'est point un pamphlétaire obscur ; il jouit, comme *historien*, d'un certain crédit, au moins chez une partie du public français ; il a fait une *Histoire des Anabaptistes dans les Vosges*, une *Histoire de la politique autrichienne depuis Marie-Thérèse*, une *Histoire secrète du gouvernement autrichien*, dont il annonce la quatrième édition, et dont M. Michelet dit : « C'est un travail immense et de premier mérite, il a été traduit en allemand, en hollandais, et le sera en toute langue ! » Il a publié, en outre, des *Drames politiques*, des *Études sur l'Allemagne*, des *Souvenirs d'Angleterre*, et divers ouvrages importants de littérature et d'histoire de l'art. Aujourd'hui cet écrivain tant vanté, qui a consacré un *travail immense* aux relations entre la France et l'Allemagne, traite une question d'histoire et de droit public, qui vient de sortir du domaine purement littéraire pour recouvrer une portée pratique considérable.

On est frappé de prime-abord, en lisant l'écrit de M. Michiels, de sa complète nullité au point de vue scientifique. Il faut que les droits de la France sur l'Alsace et la Lorraine soient bien mal assis, pour qu'un défenseur aussi qualifié que M. Michiels doit l'être, soit forcé, faute de preuves véritables, de recourir à tant de chicanes et de sophismes. La science risque de déroger en reprenant ses bévues, mais l'Allemagne peut signaler les armes pitoyables dont on essaye de se servir contre des prétentions légitimes.

M. Michiels accorde que la France n'a pas toujours évité de faire appel à la force pour s'annexer la Lorraine et l'Alsace. Mais, selon lui, jamais lutte ne fut plus loyale ni succès mieux justifié. Les princes allemands ont offert et donné à la France les Trois-Évêchés, comme récompense méritée, pour avoir sauvé le protestantisme en Allemagne ; c'est au service de la même cause, c'est-à-dire de la cause « de la liberté et de la civilisation », que Turenne a payé de son sang l'Alsace (y compris Strasbourg), acquise définitivement, en 1648, par le plus solennel des traités de paix et en échange de très-importantes contreprestations et renonciations ; quant au duché de Lorraine, lequel n'avait jamais appartenu à l'Empire, mais était un État souverain et indépendant, la France l'a reçu du libre consentement du duc ; la possession en est sanctionnée par une prescription de deux et même de trois siècles, ratifiée par l'Allemagne, par l'Europe, dans des traités nombreux, en dernier lieu par ceux de 1815. Au reste, la domination de la France sur ces pays répond à la

1.

nature des choses , puisque la Lorraine est une province foncièrement française et que les Alsaciens , bien qu'ils parlent un jargon germanique , ont dans les veines du vieux sang gaulois. Donc , le prétendu droit de l'Allemagne sur ces pays n'est qu'une méchante invention de M. de Bismarck , un mensonge qu'un tas de scribes sans conscience vont répétant sur tous les tons, afin d'exciter les Badois , les Bavarois, les Wurtembergeois contre la France , qui est la gardienne du traité de Prague et qui protége contre l'insatiable cupidité du despotisme prussien la liberté de l'Allemagne du Sud.

Ce rapide aperçu suffit sans doute pour montrer à tout lecteur compétent quel doit être le caractère de notre tâche. Quel écolier, je ne dis pas seulement en Allemagne, mais, j'aime du moins à le croire, même en France, prendra au sérieux un historien qui met la mort de Turenne dans la guerre de trente ans (1) et qui croit que Strasbourg fut cédée à la France à la paix de Westphalie? Et quel homme instruit daignera prouver à M. Michiels que la Lorraine a été, sans contradiction aucune, partie intégrante du Saint-Empire pendant huit siècles? — Eh bien, tous les points de son argumentation

(1) Michiels, p. 36.

sont de la même force ! Partout cette argumentation est en opposition directe avec les faits et avec les résultats les plus assurés des recherches historiques, non seulement des Allemands, mais aussi des Français. Cette complète absence de vérité prête à la brochure un intérêt spécial : M. Michiels applique à l'histoire du passé la méthode suivie par M. Gambetta dans la relation des événements actuels. On aura la satisfaction de constater ce fait à chaque pas, à propos de chacune de ses thèses, et partout l'on verra la justice de la cause allemande ressortir des moyens même qu'il employe pour la combattre.

La brochure de M. Michiels respire la haine la plus sauvage de tout ce qui est allemand. Il épuise le répertoire d'injures de la langue française pour stigmatiser nos abominations. Ma réponse, j'en suis certain, ne trahira nul vestige de sentiments semblables à l'égard de la nation française, et cela non seulement parce qu'il est plus facile au vainqueur qu'au vaincu de juger avec calme et avec justice, mais encore et surtout parce que ces sentiments hostiles n'existent pas dans mon cœur. Dès l'instant que les Français nous ont attaqués, j'ai souhaité avec ardeur le triomphe de notre bonne cause. Mais la violence des passions mauvaises que nous avons vues s'étaler alors en France, n'a pu obscurcir chez moi le souvenir de ce qu'il y a de grand et de bon dans le caractère français. Toutefois, mon estime et ma reconnaissance ne sauraient m'affranchir du devoir d'exprimer en conscience la vérité des faits historiques. Bien plus, celui qui voit dans le rétablissement de la bonne harmonie entre les deux nations la première tâche qui.leur incombera aussitôt la paix faite, doit se sentir doublement pressé de contribuer à prévenir des conflits futurs en précisant avec toute l'exactitude et toute la vérité possibles les causes des maux présents.

Mon intention ne saurait être de discuter ici le détail de la partie d'échecs diplomatique qui s'est jouée ces dernières années entre le comte de Bismarck et M. Benedetti, ni de rechercher quel est au juste le coup de l'un ou de l'autre qui a déterminé la catastrophe. Ce qui m'importe, c'est l'action qui a chargé la mine, ce n'est pas l'étincelle qui y a mis le feu. Or, les voix de presque tous les hommes influents de France, les discours des chefs de tous les partis, les manifestes des organes les plus accrédités de la presse française sont là pour m'instruire. N'ont-ils pas tous, depuis des années, rivalisé de zèle pour ne nous laisser aucun doute sur ce fait ; c'est qu'ils étaient unis dans un seul et même sentiment, qui devait, quoi qu'il arrivât, rendre la guerre inévitable ? Tous n'ont-ils pas soutenu que la France avait le droit et le devoir de s'immiscer dans les questions de la constitution intérieure de l'Allemagne ? Et il faut bien le dire : ce n'est pas le gouvernement impérial qui a pris l'initiative de ces arrogances, c'est l'opinion publique. De tous côtés on reprochait au gouvernement l'inaction de 1866, comme un crime contre les intérêts les plus sacrés de la France. De tous côtés on qualifiait de *cas de guerre nécessaire* l'achèvement de l'unité allemande, l'union de nos États du Midi avec la confédération du Nord. Ainsi pressé, harcelé, menacé dans son *prestige*, l'Empereur a fini par tirer l'épée afin de reconquérir l'estime du peuple français sur les champs de bataille d'Allemagne, et il l'a fait avant même que l'union des États du Midi fût consommée, avec une précipitation qui nous a été salutaire et qui ne s'explique que par l'extrême tension de la situation intérieure. Pour nous, les allures de la presse française et de la tribune française nous avaient appris dès longtemps ce qui nous menaçait. Puisque le peuple français prétendait réglementer notre constitution fédérale, la guerre était certaine, et l'état de guerre sera permanent tant que subsistera en France le moindre reste d'illusions semblables. Durant tout ce siècle ça été pour l'Allemagne une règle de conduite invariable de ne disputer en aucune façon au peuple français le droit de faire lui-même sa constitution ; nous avons assisté paisiblement à ses révolutions et à ses restaurations, nous souvenant que chaque nation est maîtresse chez elle. Mais aussi nous exigeons la réciprocité. Si dans l'intérieur des frontières allemandes, la constitution est modifiée, que ce soit dans le sens fédéraliste ou dans le sens unitaire, que ce soit en conservant les petits États ou en les supprimant, par un parlement ou par l'armée, par les voies légales ou révolutionnairement, l'Allemagne défend dans tous les cas à toute puissance européenne quelconque de s'en mêler. On n'a pas oublié les paroles éloquentes que prononçait M. Thiers, le 4 décembre 1867, au corps législatif ; il revendiquait ouvertement le droit d'intervenir partout en Europe, et demandait si une politique de non-intervention, c'est-à-dire de respect pour les droits d'autrui, était une politique digne de la France (1). Et les clameurs

(1) Personne n'ignore que l'activité de M. Thiers au Corps législatif, durant les dernières années, a surtout été employée à faire la guerre au gouvernement impérial sur ce que, par faiblesse, par maladresse, par ineptie, il n'avait su empêcher ni l'unité italienne ni l'unité allemande. Dans ses grands discours, en Avril 1865, en Mai 1866, en Mars et en

passionnées de l'assemblée firent savoir au monde que la France estimait sa dignité lésée , s'il ne lui était pas permis de maîtriser les évolutions intérieures de. la politique allemande.

Or, la première condition de la bonne entente, de la concorde si nécessaire à tous et qui sera bénie partout, c'est que la France renonce à pareille prétention. Qu'on ne nous dise pas qu'aujourd'hui , en face de l'affreux désastre qui écrase la nation française, il est superflu et par conséquent dur de répéter cet avertissement ! Il y a quelques jours encore, le 1er janvier 1871, l'organe officiel de la délégation de Bordeaux ne parlait de rien moins que d'exterminer tous ceux qui contesteraient à la France le premier rang en Europe.

Eh bien , ce premier rang en Europe , l'Allemagne

Décembre 1867, M. Thiers a constamment développé cette thèse, que la France a le droit et le devoir d'empêcher, au besoin par la force des armes, l'Allemagne de reformer sa constitution intérieure, de faire son unité. On trouve, dans ces discours, l'éloge, fait à ce point de vue, de la république de 1848. « *A-t-elle dit à l'Allemagne : vous voulez* « *vous convertir en un État unique, faites ce que vous voudrez...?* « *Loin de là.... elle a considérablement contribué à faire avorter le* « *projet d'unité.* » — Sans vouloir discuter ici ses motifs, je constate que M. Thiers a considérablement contribué, pour sa part, à persuader aux Français que , sans leur permission, les autres peuples n'ont pas le droit de faire ce qu'ils veulent. Plus qu'un autre, il est responsable de l'agression de 1870. Il est vrai qu'il a trouvé, pour cette doctrine, abondance d'adhérents et d'alliés.

est résolue à le contester, non pas certes pour se l'arroger à elle-même, mais parce qu'elle ne veut point tolérer. de primauté en Europe. L'Allemagne demande une chose bien simple : l'égalité entre les nations. L'Allemagne ne veut plus à l'avenir sur notre continent de système politique tel qu'on l'a vu dans les dix dernières années, système d'après lequel une nation *de premier rang* pouvait, entre autres choses, interdire aux Espagnols trois candidats au trône sur quatre et aux États du Sud de l'Allemagne l'alliance des États du Nord. Encore un coup, l'Allemagne veut qu'il n'y ait plus deux poids et deux mesures, mais que ce qui est juste pour l'un, le soit aussi pour l'autre.

C'est précisément là-dessus que roulera notre examen historique. Pendant trois longs siècles, la France, profitant des divisions intestines de l'Allemagne qui ne la provoquait, ni par la moindre offense, ni par la moindre menace, s'est annexé des territoires allemands, sans l'ombre d'un titre juridique, contre le gré des habitants, par la force brutale du sabre. Cela paraît à présent à nos voisins vieille chose dès longtemps prescrite : si nous en ravivons le souvenir, nous faisons preuve de convoitise effrénée. Ils nous ont déclaré la guerre, au mois de juillet dernier, sous un prétexte frivole, ils ont

déchiré ainsi de leurs propres mains les traités exis-
tants : nous commettons un crime contre le droit international , si nous ne nous reconnaissons plus pour liés
par ces traités , monuments des spoliations dont nous
avons-été victimes , et si , pour assurer nos frontières ,
nous reprenons une partie de ce qui nous fut enlevé jadis.
Certes , les efforts de la France luttant jusqu'au bout
pour l'intégrité de son territoire , méritent l'estime de
son adversaire. Mais elle, qui nous a pris Metz et Strasbourg, n'a pas le droit de nous accuser devant l'Europe
de vouloir, en en réclamant la restitution , anéantir son
honneur national et son existence politique : provo-
qués par elle de la manière la plus violente , nous ne
faisons que ce qu'elle a fait pendant des siècles sans
aucune provocation de notre part. Si d'ailleurs la spoliation était compatible avec son honneur, la restitution
doit l'être aussi ; en le niant , on avoue qu'on ne veut
pas de l'égalité juridique des peuples , et que la France
a besoin , pour exister , de maintenir les autres sans
droits. Celui qui écrit dans un tel esprit l'histoire de
notre passé , empoisonne la paix de notre avenir , car
cette paix ne peut être assurée que par la reconnaissance absolue et sincère d'un droit unique pour tous, et
réciproque.

Je crois donc faire une œuvre de paix, et non pas une œuvre d'amertume et de récrimination, en entreprenant de démontrer la complète nullité de tous les arguments produits par M. Alfred Michiels.

Je le suivrai dans ses développements et commencerai donc, comme lui, par les premiers actes préparatoires des conquêtes de la France en Lorraine.

I

La Lorraine a été pendant tout le moyen-âge , dans toute son étendue , une province , reconnue pour telle , de l'Empire allemand.

C'est ce que chacun sait , — pour peu qu'on ait pris connaissance de l'histoire d'Allemagne , ne fut-ce que de la manière la plus superficielle. C'est un fait historique aussi certain , aussi indubitable , aussi incontesté que la découverte de l'Amérique par Christophe Colomb ou que le fait que la révolution française a éclaté en 1789.

M. Michiels affirme le contraire , et l'on est à bon droit curieux de voir les pièces nouvelles , tenues si complétement cachées jusqu'à présent , qu'il apportera sans doute à l'appui de sa thèse.

Il nous apprend d'abord qu'au moyen-âge l'Empire allemand n'était point un État unitaire et compact , gouverné par une monarchie héréditaire , assis sur un

territoire fixe et invariable , mais que c'était au contraire *une agglomération de royaumes et de principautés*
qui n'obéissaient à leur chef suprême librement élu
qu'en vertu d'un hommage féodal. Cela posé ,
M. Michiels continue comme suit : « Mais par la
« nature même de la féodalité, cet hommage , cette foi
« promise pouvaient passer du chef de l'empire à
« un autre souverain. Toute l'histoire du moyen-
« âge abonde en mutations de cette espèce ; .....
« nulle part ces engagements ne devaient être et
« n'étaient, en réalité, aussi variables que dans les
« pays limitrophes. Précisément parce qu'un fief se
« trouvait placé entre deux grands États , la moindre
« cause faisait osciller les feudataires de l'un à
« l'autre. » — On voit tout de suite à quelles conséquences doivent conduire ces considérations La Lorraine était pays frontière : donc rien de plus facile ,
rien de plus logique que son passage du suzerain allemand au suzerain français. Il est intéressant et caractéristique, pour la manière de M. Michiels , de constater
comment il procède : il présuppose simplement le fait
qu'il prétend prouver et place ainsi , sans autre , le
fief en question *entre deux grands États*. Mais la Lorraine
n'était point placée entre deux grands États. C'était une

portion de l'Empire allemand située à l'extrémité de l'Empire contre la frontière française. Que dirait M. Michiels , si l'on désignait le département du Nord comme placé *entre la France et la Belgique ?* Il est superflu , sans doute , de faire remarquer expressément que si , vu la faible organisation des pouvoirs publics au moyen-âge , il pouvait arriver souvent , en fait , qu'un vassal se rendît coupable de défection , les conditions de renonciation au lien féodal n'en étaient pas moins fixées très-strictement pour chaque fief , et que la rupture de ce lien perpétrée contre l'Empire et l'Empereur constituait le crime de haute-trahison, qui existait alors aussi bien qu'aujourd'hui et était puni de mise au ban impérial.

Jusqu'ici M. Michiels est resté dans le domaine des éventualités possibles. Il nous a montré que la Lorraine, pays frontière, aurait pu sans difficulté se soustraire à l'obéissance de l'Empire allemand. Reste l'importante question de savoir si cette éventualité s'est réalisée , si la Lorraine s'est , en effet , séparée de l'Allemagne. M. Michiels n'entre pas, pour établir l'affirmative, dans le détail de l'histoire lorraine qui aurait , en effet , prouvé tout le contraire. Il a recours à un autre moyen ; il fait appel à l'autorité d'un érudit , qui était certainement bien renseigné sur les affaires de la Lorraine, savoir du bénédictin Dom Calmet, auteur de l'*Histoire ecclésiastique et civile de la Lorraine* (1). On va voir à quoi il aboutira.

M. Michiels copie un long passage où Dom Calmet expose comme quoi les ducs de Lorraine ont eu souvent bien de la peine à maintenir leurs droits de suzeraineté sur leurs barons et prélats, lesquels barons et prélats savaient obtenir des candidats à la couronne d'Allemagne des priviléges, des droits spéciaux aux dépens du pouvoir ducal, ou encore se tournaient vers leur voisin le roi de France, lorsque l'Empereur refusait de les favoriser .... — Évidemment, tout lecteur doué de logique vulgaire verra dans ce texte une preuve que la Lorraine appartenait à l'Empire allemand. Autrement l'appui des seigneurs lorrains n'aurait pas eu la moindre valeur pour les candidats au trône d'Allemagne. Mais M. Michiels a sa logique à lui. Tout en décernant de grands éloges à Dom Calmet, il tire immédiatement des paroles du savant bénédictin la conclusion suivante : « La Lorraine « ne faisait donc pas partie intégrante de l'Empire « d'Allemagne, ne lui était même associée d'aucune

---

(1) Première édition; Nancy, 1728. On sait que la seconde édition a été, comme beaucoup d'exemplaires de la première, expurgée par la censure française. Aussi ne la cite-t-on pas. V. Brunet, article *Calmet*.

« manière. » On pourrait dire d'une façon tout aussi concluante : Louis le Jeune a, par ses priviléges, affranchi plusieurs communes de l'Ile-de-France et de la Champagne de la domination des évêques :. l'Ile-de-France et la Champagne ne faisaient donc pas partie intégrante du royaume de France! Ou bien M. Michiels croit-il peut-être l'indépendance de la Lorraine attestée par le fait que de temps à autre tel ou tel seigneur lorrain a demandé l'assistance du roi de France? Il est arrivé plus d'une fois au dixième siècle que les ducs de Normandie, de France, de Bourgogne ont imploré la protection d'Othon, roi d'Allemagne ; est-ce que, pour ce motif, ces duchés étaient alors des États indépendants ?

Que M. Michiels prenne d'ailleurs la peine de jeter un coup d'œil sur les textes de ces traités d'assistance, qui se trouvent dans Dom Calmet, par exemple sur l'alliance de l'évêque de Verdun avec le roi Philippe IV. Il y verra que l'évêque réserve expressément ses devoirs de sujet envers l'Empire et l'Empereur (1). Mais je m'aperçois que M. Michiels reconnait lui-même la dépendance de l'Empire pour ce qui concerne les Trois-Évêchés. En revanche, il la repousse d'autant plus

(1) Dom Calmet, II, pièces DLVII.

péremptoirement pour le duché de Lorraine. « La Lor-
«. raine, s'écrie-t-il, ne figurait dans aucun des cercles
« germaniques, ses souverains ne prêtaient pas hom-
« mage à l'Empereur ! » Pourtant tout le monde, sauf
lui, sait que dès la formation des cercles, en l'an 1512,
la Lorraine a fait partie du cercle du Haut-Rhin, que
chacun de ses ducs a prêté hommage à l'Empereur, et
qu'ils ont eu jusqu'en 1737 siége et voix au collége des
Princes de l'Empire (1).

M. Michiels n'en continue pas moins, sans sourciller,
comme suit : « L'immense ouvrage de Dom Calmet ne
« cite pas un seul duc de Lorraine qui eût accepté
« comme suzerain l'Empereur d'Allemagne , et pas un
« seul des nombreux documents joints à son livre , pas
« un seul des traités conclus par la maison régnante ,
« ne fait allusion au prétendu vasselage des seigneurs
« qui gouvernaient cette province. » J'avoue avoir ren-
contré rarement assertion s'écartant davantage de la
vérité historique. Assurément, rien n'oblige M. Michiels
à savoir le premier mot de l'histoire de la Lorraine ,
mais il ne peut lui être permis de citer un livre avec
tant d'insistance et de dire précisément le contraire de
ce qui s'y trouve. Je veux bien ne pas appuyer sur le

______

(1) FICKER, *vom Reichsfürstenstande* , p. 263 et suivantes.

premier volume du savant bénédictin , où l'action des souverains allemands est attestée presqu'à chaque page, parce que ce premier volume traite des temps plus anciens dans lesquels la monarchie allemande était forte encore. Je ne rappellerai donc pas l'acquisition de la Lorraine par le traité de Mersen en 870 ; les soumissions réitérées du pays sous le roi Henri I , en 925 ; le triomphe d'Othon le Grand sur les révoltes de 939 et 952 ; l'administration de l'archevêque de Cologne , Bruno, frère d'Othon ; l'installation des nouveaux ducs ; le partage de la province en Haute et Basse-Lorraine vers 959, l'insurrection du duc Godefroy contre l'Empereur Henri III, la soumission qui la termina, l'établissement par le même Empereur de l'ancêtre de la maison dès lors régnante sur le pays de la Moselle en 1047, etc. Je veux m'en tenir aux temps postérieurs où, depuis les démêlés avec le pape Grégoire VII , la monarchie allemande perdit rapidement sa puissance et son énergie. M. Michiels n'aurait-il réellement pas vu , parmi les pièces justificatives du tome II de Dom Calmet, l'acte de 1248 par lequel le duc reconnaît le nouveau roi d'Allemagne Guillaume (1)? N'a-t-il pas vu le diplôme cent fois cité de 1258, où le roi d'Allemagne Alphonse

______

(1) Vol. II , pièces CCCCLV.

énumère les cinq fiefs princiers desquels se compose la souveraineté du duc, et les confère à celui-ci, en qualité de vassal de la couronne allemande (1); ni la lettre de l'Empereur allemand Charles IV, de 1354, par laquelle il élève le comte de Bar et de Pont-à-Mousson à la dignité margraviale (2), ni la célèbre convention de 1539, sur laquelle se fonde la situation subséquente de la Lorraine et où le roi d'Allemagne Ferdinand déclare que le duc a été de tout temps sujet de l'Empire et restera dans la suite encore sous la protection de l'Empire moyennant le paiement de certaines taxes, mais qu'il sera désormais indépendant des ordres et des jugements des tribunaux impériaux (3)?

Si vraiment M. Michiels n'a rien vu de tout cela, il ne peut prétendre au nom d'historien consciencieux. Mais s'il l'a vu, il ne peut plus prétendre au nom d'homme véridique.

(1) Même volume, pièce CCCCLXXXI : *Sedentibus nobis in publica curia nostra et te dicto duce et comite flexis genibus ante pedes Majestatis nostræ existente, investimus te dictum ducem et comitem de quinque vexillis in signum quinque dignitatum, quas in feodum ab imperio tenere debes.... Primum vexillum damus tibi pro ducatu in feudum... et si contigerit ire ad parlamentum in armis contra regem Franciæ debes facere nobis ante-custodiam in eundo, et retro-custodiam in redeundo.*

(2) *Ibidem,* DCXIX. Voyez aussi DCXVIII et DCXXI.

(3) Calmet, *Histoire,* II, 1191.

Il est plus heureux lorsqu'il constate que depuis l'acquisition de la dignité ducale par René d'Anjou et de Guise, en 1431, la politique extérieure de la Lorraine se trouva mêlée de diverses manières à la politique française et, par le fait, éloignée de l'Allemagne. C'était l'époque où le pouvoir impérial était le plus affaibli, l'unité allemande le plus profondément ébranlée. Justement alors, dix ans après l'avénement du prince français en Lorraine, le roi de France Charles VII dit une parole qu'on n'avait jamais ouïe auparavant : *Que la France devait reculer ses limites jusqu'au Rhin.* C'est pour réaliser ce vœu qu'il lança sur l'Alsace les Armagnacs. Ces bandes féroces furent repoussées par les Alsaciens, les Souabes et les Suisses ; le projet resta , pour être repris à la première occasion favorable. De ce qu'alors des territoires allemands allumèrent les désirs conquérants de la France , M. Michiels conclut que la Lorraine n'appartenait pas de droit à l'Allemagne. La nation allemande a tiré de ces faits un enseignement tout opposé. A peine l'influence française s'était-elle impatronisée en Lorraine , qu'on vit naître à Paris le rêve des *limites naturelles* et l'envie de posséder la rive gauche du Rhin. Peut-on nous en vouloir , si nous pensons que l'extirpation radicale de cette passion agressive ne sera praticable que lorsque nous aurons regagné sur le sol lorrain une position fixe ?

Il fallait d'ailleurs qu'à la décomposition politique se joignît en Allemagne la discorde religieuse pour qu'il fût possible aux Français de faire un premier pas dans l'accomplissement de leurs projets de conquête. Charles-Quint avait défait les protestants, son administration espagnole paraissait menacer à la fois la liberté religieuse et la nationalité du peuple allemand. C'est contre ce danger que l'électeur Maurice de Saxe s'éleva en 1552. Inquiet du grand pouvoir de l'Empereur, il eut recours à l'appui du roi de France Henri II qui saisit cette occasion d'enlever à l'Empire les trois évêchés de Metz, Toul et Verdun, et de les réunir d'une manière durable à la France, sous prétéxte de protéger la foi protestante et la liberté de l'Allemagne. Ceci fut le commencement d'une agression qui a été poursuivie pendant plus de deux siècles et couronnée de succès.

M. Michiels se plaint de ce qu'en Allemagne les procédés de Henri II ont été constamment jugés de la manière la plus sévère par les protestants comme par les catholiques. En effet, l'on a fait ressortir le contraste criant des paroles du roi et de ses actes, de son

désintéressement amical et de l'annexion des Trois-
Évêchés , de la protection qu'il prétendait accorder
à la liberté religieuse en Allemagne et des sanglantes
persécutions exercées contre les Huguenots français.
On a été unanime pour qualifier sa politique d'inique
et de perfide. Cette ingratitude universelle indigne
M. Michiels , elle lui montre que « la mauvaise foi de
« l'Allemagne atteint des profondeurs où n'était pas
« encore parvenue la déloyauté humaine. » Nous allons
voir jusqu'à quel point la connaissance qu'il a des événements dont il parle , le met à même d'en juger.

Il constate lui-même qu'en l'an 1551 , la France
n'était en aucune façon lésée ni menacée , et n'avait
donc nullement le droit de commencer des actes d'hostilité contre l'Empire : « Au milieu de l'année 1551 ,
« dit-il, la France et la Lorraine jouissaient d'une tran-
« quillité bien rare dans ces temps de luttes et d'agi-
« tation. » Mais tout à coup parut à la cour de Henri II
une ambassade allemande , dans laquelle figuraient
les plus grands personnages de l'Empire après l'Empereur, en première ligne le redoutable capitaine Maurice
électeur de Saxe , le margrave Georges Frédéric de
Brandebourg , le duc de Mecklembourg , le landgrave
de Hesse , l'électeur de Brandebourg , ancêtre du roi

Guillaume , le comte palatin du Rhin , le duc de Deux-Ponts , et divers autres seigneurs , « presque tous les aïeux , en un mot , des rois et des princes qui saccagent la France maintenant. » Ils se plaignirent du despotisme de l'Empereur , implorèrent le secours des Français. Un traité fut conclu entre le roi et ces mécontents ; un article portait que le roi commencerait par se rendre maître des *quatre villes impériales qui ne sont pas de langue germanique,* savoir Cambray , Metz , Toul et Verdun. Et pour mieux séduire le roi , les princes firent miroiter devant ses yeux la couronne impériale.

Voilà certes une *exposition* aussi honorable pour la France qu'on la peut imaginer. Une diète germanique rassemblée presqu'au complet aux pieds du roi Henri, les plus grands princes d'Allemagne le suppliant de les secourir, de les sauver, et lui offrant quatre villes impériales en faible témoignage de leur gratitude. Et voilà ce dont la barbare Allemagne oserait se plaindre aujourd'hui !

Malheureusement toutes ces belles choses n'ont jamais existé que dans la fantaisie de M. Michiels. Que doit-il penser de ses lecteurs, pour leur faire ainsi des contes manifestes ? Maurice de Saxe n'a eu que quatre princes allemands pour complices. L'électeur palatin n'en était pas, ni l'ancêtre du roi Guillaume non plus. Vu le très-grand pouvoir de Charles-Quint, alors encore victorieux, la trame fut ourdie dans un mystère profond. Un agent de l'électeur se rendit secrètement auprès du roi. Un agent du roi put arriver en Saxe sans être aperçu. C'est en Saxe, à Lochau, que l'alliance fut conclue, pour être ensuite ratifiée par le roi à Chambord. Ici, comme ailleurs, j'épargne au lecteur les citations, jusqu'à ce que M. Michiels ait trouvé bon d'exhiber les documents contemporains qui doivent prouver l'existence de sa brillante ambassade.

Ce n'est donc pas l'Empire allemand, dans la personne de ses plus nobles représentants, qui a cédé au roi de France les quatre villes de Cambray, Metz, Toul, Verdun. Ce sont cinq princes, sur plus de trois cents membres immédiats de l'Empire, qui ont, dans une conspiration ténébreuse, disposé du bien d'autrui. Il n'est pas besoin de prouver que cet acte ne pouvait en aucune façon créer un titre juridique international en faveur de la conquête française.

Mais ce n'est pas tout. Si M. Michiels enrichit le passé d'une assemblée de princes imaginaire, il tronque, en revanche, la plus importante des clauses du traité d'alliance, celle-là même qui est décisive pour l'appréciation du rôle joué par Henri II dans cette affaire. Un des articles de ce traité était que « le seigneur roi s'impatronisât des villes impériales.... et les gardât comme vicaire de l'Empire ; » mais, ce que M. Michiels a soin d'omettre, « RÉSERVÉS LES DROITS DU DIT EMPIRE SUR LES DITES VILLES ». Les princes contractants entendaient évidemment que les villes passeraient sous l'administration du roi, mais n'en resteraient pas moins parties intégrantes de l'Empire allemand; qu'ainsi le roi, en qualité de suzerain de ces villes, deviendrait membre du corps germanique, avec le titre de vicaire impérial. Pareille situation ne serait sans doute pas admise dans un État moderne. Mais M. Michiels nous a lui-même appris que l'Empire allemand d'alors n'était pas un État unitaire, mais une agglomération de royaumes et de principautés. C'est ainsi que le roi de Hongrie administrait le fief impérial d'Autriche, le roi d'Espagne le fief impérial du Milanez , le roi de Danemark le fief impérial de Holstein. Le même état de choses avait existé jadis en France, quand le roi d'Angleterre possédait la Normandie au treizième siècle, la Guyenne au quatorzième, sans que ces contrées eussent cessé pour cela d'être provinces françaises. Lorsque le traité de Lochau-Chambord fut conclu, cette clause avait toute sa portée pratique. Nous autres Allemands, nous avons le droit de blâmer l'électeur Maurice de ce qu'il s'est commis avec un allié si peu sûr , mais il est évident que cela ne justifie ni n'excuse en aucune manière le manque de foi du roi de France.

Ainsi que nous venons de le voir , le traité était en tout cas illégal. Ce qui n'est pas moins certain, c'est que le roi ne se tint pas un instant pour lié par ses promesses. Il débuta par d'assez belles paroles. Dans son manifeste, il se posait en protecteur de la liberté de l'Allemagne et repoussait bien loin toute intention égoïste , « entreprenant la dite guerre pour la liberté , non pour son profit particulier. » D'après cela, les divers États de l'Empire ne devaient pas se croire en guerre avec la France , à moins de prendre les armes pour l'Empereur. C'est aussi ce qu'annonça aux citoyens de Metz le connétable de Montmorency, en leur demandant de consentir au libre et paisible passage de ses troupes à travers leur ville. La grande majorité des bourgeois étaient d'avis de refuser , tandis que l'évêque et quelques fonctionnaires intriguaient en faveur de la France. On convint finalement que le connétable traverserait la ville avec une seule enseigne ou compagnie. Mais , à l'heure fixée , ce fut avec cinq enseignes et douze cents cavaliers qu'il parut, la porte fut forcée ,

2.

la ville prise. Il va sans dire qu'elle fut sur le champ traitée en conquête française. Les bourgeois prêtèrent hommage au roi, le cœur serré. La ville perdit son autonomie politique. Le protecteur de la liberté religieuse chercha chicane sur chicane aux protestants messins. Quant aux droits du Saint-Empire, il n'en fut plus question.

M. Michiels ne voit dans le coup de main du connétable qu'une ruse de guerre licite et innocente. Il se peut qu'une fois la guerre déclarée, des ruses de ce genre soient sinon louables, du moins admises en vertu d'une sorte de tradition. Mais ce que M. Michiels ne remarque pas, c'est l'odieuse perfidie qu'il y avait à employer la violence militaire au milieu de continuelles protestations de paix. Le connétable a-t-il, ainsi que le raconte M. H. Scherer (1), assassiné traîtreusement, de sa propre main, des magistrats dont les sympathies étaient pour l'Allemagne? C'est ce que je n'ai pu vérifier, M. Scherer n'indiquant, en fait de sources, que la chronique manuscrite de Metz. En tout cas, il n'est pas conforme à la vérité de déclarer, comme le fait M. Michiels, que « *pas un seul texte n'en parle, n'y fait même allusion.* »

(1) Dans le recueil de M. de Raumer, *Historisches Taschenbuch,* 1842, page 287.

Le roi ne se contenta pas de l'annexion des villes impériales. Il prit aussi leurs évêchés. Puis il essaya de s'emparer du duché de Lorraine. Enfin il fit une tentative, infructueuse à la vérité, sur Strasbourg et l'Alsace : M. Michiels passe là-dessus comme chat sur braise. Quant à l'invasion de la Lorraine , dont le seul motif était l'avidité française, elle lui paraît la chose du monde la plus naturelle. Finalement , il raconte avec beaucoup de satisfaction , comme quoi, après l'occupation de Verdun , le cardinal de Lorraine convoqua les habitants de cette ville jusqu'alors libre , leur vanta la grâce royale , et leur demanda s'ils ne voulaient pas abolir leur constitution municipale et remettre leur souveraineté temporelle entre les mains de leur évêque. Il est clair qu'on ne vota pas non, et M. Michiels d'exalter « ce grand pacte, cette révolution accomplie sans effort et *avec l'aide du suffrage universel !* » Un plébiscite en l'an 1552 ! Dès le premier jour de la domination française un acte magnifique de souveraineté populaire ! Tout comme en Belgique en 1793, ou à Nice en 1859. Que la mise en scène soit organisée par un cardinal de Lorraine ou par un citoyen Danton ou par M. Piétri, les traits essentiels sont toujours les mêmes : des bataillons français , pour éclairer le peuple , et pour résultat la perte de l'indépendance nationale et politique.

J'ai déjà dit que M. Michiels voit dans le fait que nous condamnons ces divers actes un symptôme de l'effroyable mauvaise foi des Allemands. La perversité de l'esprit allemand est seule en état, selon lui, de concevoir une appréciation aussi odieuse d'actes tout naturels et d'une loyauté parfaite. Cette affirmation même, par M. Michiels, d'une divergence nationale d'appréciations ne peut provenir que d'une pure fiction ou d'une ignorance profonde. Rien de plus facile que de le démontrer : l'appréciation allemande est partagée absolument par les historiens français les plus considérés.

On sait que M. H. Martin est chaud partisan du Rhin frontière. Comme tel, il ne trouve rien à redire aux résultats de la politique de Henri II ; il y voit la résurrection chez le gouvernement de tendances vraiment nationales. Mais il dévoile sans ménagements l'illégalité du procédé. Il insiste sur les poursuites exercées contre les hérétiques de France , avec lesquelles contraste si fort la prétendue protection de la liberté religieuse en Allemagne (1). Il ne cache pas, comme le fait M. Michiels, la clause du traité touchant la réservation des droits du Saint-Empire sur les villes impériales (2), ni l'assurance

(1) H. Martin, *Histoire de France* (4e édition), viii, 412 ss.
(2) *Ibidem*, 409.

de désintéressement complet contenue dans le manifeste royal (1). Il ne cherche point à pallier la conduite de Montmorency, et il rend ténoignage de la douleur des Messins lorsqu'ils virent leur indépendance perdue (2).

Sismondi n'est pas plus favorable que M. Martin au roi Henri. Il déclare que « le roi considérait la Réformation comme un fléau destructeur de la puissance royale, et plus il la craignait dans son royaume, plus il se croyait intéressé à la répandre parmi ses ennemis. » Sismondi qualifie la prise de Metz d'*œuvre de trahison*, et il ajoute que le roi n'a pas montré plus de bonne foi dans sa manière d'agir envers la Lorraine (3).

M. Michelet signale dans la politique du roi les pires contradictions : « Ce roi persécuteur, voilà qu'il se por-
« tait en Europe pour le vengeur de la liberté poli-
« tique ! »—Il regrette que Henri se soit aliéné à jamais par ses procédés les sympathies de la nation allemande :
« Metz naturellement hésitait. Le connétable y fut très-
« malhabile, brutalement, impudemment fourbe.... —
« On s'empara de même en trahison du duc de Lorraine,
« âgé de dix ans.... — Donc nous gardâmes Metz, Toul

(1) *Ibidem*, 410.
(2) *Ibidem*, 415.
(3) Sismondi, *Histoire des Français*, xvii, 451-454 (édition de Paris. 1833). Sismondi, tout Génevois qu'il était, est bien considéré comme historien français.

« et Verdun. Admirable morceau de l'Empire. Mais ce
« qui valait plus , l'estime de l'Empire et l'amitié de
« l'Allemagne, nous ne les gardâmes pas. Nous les per-
« dîmes pour toujours. La France resta seule en Eu-
« rope (1). »

Ainsi ce que M. Michiels loue comme étant la politique la plus légitime du monde, ces historiens français
l'appellent sans ambages *trahison, fourberie.*

On se demandera peut-être en Allemagne ce qui nous
honore le plus , l'acquiescement de Sismondi et de
M. Michelet , ou les invectives de M. Alfred Michiels.

(1) Michelet , *Guerres de religion*, pages 123, 125 (édition de 1854).

II

Ce qu'avait commencé Henri II , Richelieu et Mazarin l'achevèrent pendant la guerre de Trente Ans.

M. Michiels se complaît dans un récit à sensation
des horreurs commises en Allemagne par les armées
catholiques de l'Autriche. Il pense ainsi faire d'autant
mieux ressortir les immenses services rendus par les
Français en combattant ces atrocités , et l'ingratitude
obtuse des protestants allemands : « Si pendant la
« guerre , il y a deux ou trois cents ans , les soldats
« ennemis ont enlevé une vache ou brûlé une botte de
« foin sur son territoire, l'Allemagne se le rappelle avec
« amertume : mais des services immenses , inappré-
« ciables , elle n'en garde aucun souvenir. Elle a la
« mémoire du mal, et ne se hâte d'oublier que les bien-
« faits. »

Ici comme ailleurs il suffira de rappeler des faits
notoires. Avant de faire la guerre à la catholique

Autriche , le cardinal de Richelieu avait écrasé les Huguenots français. Quand Charnacé , son ambassadeur , exhortait le chancelier Oxenstiern à persévérer dans la lutte , il lui dit expressément qu'il ne s'agissait en réalité pas des intérêts de l'Allemagne , mais bien de la puissance des couronnes de France et de Suède. L'empereur avait consenti aux principales exigences des protestants dès l'an 1637 ; néanmoins la guerre la plus cruelle continua pendant onze ans encore à mettre à feu et à sang la malheureuse Allemagne , uniquement afin que les Suédois et les Français pussent s'emparer de provinces allemandes. A Münster , le représentant de la France, Servien, sacrifia ouvertement les protestants allemands , « parce que , » disait-il , « les deux couronnes (de France et de Suède) devaient « se relâcher sur les articles de l'intérêt public de « l'Allemagne à proportion qu'on les satisferait sur « leurs intérêts particuliers (1). » Aussi les Allemands , et les protestants comme les catholiques, jugent-ils les sympathies protestantes de Richelieu comme Sismondi jugeait celles de Henri II. Le but de la France était de perdre notre pays , en y entretenant le poison de l'hérésie ; si ce poison ne nous a pas tués, nous en

____

(1) Flassan, *Histoire de la diplomatie française,* iii, 159.

devons rendre grâces à Dieu, qui a déjoué l'empoisonneur ; mais n'est-il pas ridicule de prétendre que nous devons aussi rendre grâces à l'empoisonneur de son intention criminelle ? Il nous est surtout permis de sourire, quand M. Michiels s'indigne de ce que nous n'allons pas en pèlerinage au tombeau de Turenne, parce qu'il croit que le grand capitaine a péri en généreux défenseur des *libertés allemandes*. Ce connaisseur en fait d'histoire allemande et française ignore donc que Turenne s'est fait catholique et qu'il a survécu vingt-sept ans au traité de Westphalie ? Il ignore que Turenne est tombé dans une guerre que Louis XIV entreprit en grande partie pour anéantir le protestantisme ?

On respecte en Allemagne comme en France les mérites et le génie militaire de Turenne, mais nous nous mépriserions nous-mêmes si nous pouvions oublier un instant que ses succès ont été remportés aux dépens de notre pays et que c'est à lui que nous devons d'avoir perdu l'Alsace. Si la France célèbre à juste titre le héros dont la bonne lame a chassé d'Alsace le grand-électeur, elle ne peut pas s'étonner qu'aujourd'hui un autre *marquis de Brandebourg* reprenne d'un bras plus fort l'œuvre de son aïeul et rapporte à l'Allemagne la province allemande.

Mais voyons comment la France s'est, au dix-septième siècle, emparée de l'Alsace.

On sait que l'Empire lui céda par le traité de Münster
(1648) pleinement et souverainement les possessions et
droits qui avaient jusqu'alors appartenu à l'Autriche à
titre de fief impérial. Il n'est pas moins connu que peu
d'années après, Louis XIV déduisit des clauses du traité
des prétentions nouvelles, qu'il fit valoir, par la force,
en pleine paix ; il en est résulté des discussions et
négociations infinies, d'autres guerres et d'autres paix,
et naturellement dans les deux pays toute une littérature de controverses touchant l'interprétation vraie du
traité de Münster. On pourrait croire qu'un écrivain qui
se propose de prouver la légitimité de la possession française, aura voulu se mettre un peu au fait des négociations qui ont précédé et suivi 1648, puisque c'est de là
que dépend le jugement de l'histoire sur les conquêtes de
Louis XIV. Mais un esprit de bonne trempe, comme celui
de M. Michiels, se passe de ces matériaux volumineux et
poudreux ; on lit les articles du traité de Münster, on
n'y voit pas l'ombre d'une difficulté ; on découvre
immédiatement le sens véritable auquel n'ont songé ni
Allemands ni Français, et c'est ainsi que sans peine
aucune on arrive à constater triomphalement que rien

ne fut plus juste ni plus loyal ni plus nécessaire que la politique de Louis XIV, de Louvois et des chambres de réunion. Toute l'Alsace, déclare M. Michiels, était cédée au roi en pleine souveraineté par les clauses les plus solennelles de la paix de Westphalie. Seulement, une clause contenait « une de ces distinctions puériles et subtiles où excellent lés Allemands. » — Il y avait en Alsace, sans compter Strasbourg, dix villes *impériales*, cédées à la France d'après M. Michiels, comme le pays entier. Mais l'article 87 de la paix de Münster avait laissé à l'empereur Ferdinand, toujours d'après M. Michiels, « la vaine et inutile satisfaction de recevoir « l'hommage de dix villes impériales, qui devaient « obéir de tous points au roi de France. Mazarin « avait accordé au prince stupide ce hochet, pour amu- « ser sa vanité. » Cependant ce vain hochet « ne laissa « pas d'avoir bientôt des inconvénients. » Les villes en abusèrent pour intriguer, pour se rebeller contre la domination légitime du roi, qui tout naturellement dut y mettre ordre, et en finir. Ainsi donc Louis XIV, en Alsace, après 1648, n'a fait qu'abolir une pure et vaine cérémonie, sans portée sérieuse, n'a fait que briser un hochet.

Voilà des découvertes fort originales assurément.

Elles sont rehaussées par la manière habile dont M. Michiels place la teneur de la clause en question sous les yeux du lecteur naïf. Il la transcrit page 49 , en français du dix-septième siècle , afin de bien persuader au lecteur que c'est là le texte officiel de l'article 87. A la même page il déclare que Strasbourg était l'une des dix villes « parmi lesquelles elle occupait le « premier rang , » bien qu'à la page 39 il ait donné , d'après l'acte même , la liste de ces villes , où manque naturellement Strasbourg. Avec la même ingénuité il ne mentionne, dans l'article 87 , que ces dix villes, tandis que l'article énumère toute une série d'autres États, princes et corporations d'Alsace , qui doivent rester sous la suprématie allemande. Je ne prétends pas que tout ceci soit le fruit d'une mauvaise foi consciente et réfléchie. Je pense plutôt que l'entière ignorance de M. Michiels l'a induit à tenir pour peu importantes et, partant , pour licites , les altérations qu'il fait subir au texte du traité.

Qu'il me soit permis d'exposer brièvement les faits tels qu'ils se sont passés réellement.

C'était en qualité d'allié des États protestants et en affirmant, comme Henri en 1552, son désintéressement complet, que Richelieu avait déclaré la guerre à l'Autriche.

A plusieurs reprises le gouvernement français avait donné l'assurance que les pays allemands seraient évacués aussitôt la paix faite. C'est ce que dit l'envoyé de Lusle aux villes d'Alsace le 13 octobre 1634, le roi Louis XIII à l'envoyé de Saxe, à Compiègne, le 1ᵉʳ août 1635, l'ambassadeur, marquis de Feuquières, à Francfort le 17 juillet 1644. Dès l'ouverture des négociations de paix les représentants français commencèrent par déclarer que le roi ne considérait « les intérêts particuliers qu'avec « intention de pourvoir plutôt à la sûreté et aux avan- « tages des princes et des États qu'aux siens propres. » Bientôt après ils exprimèrent le vœu « que la satisfac- « tion qui est due aux deux couronnes pour les fatigues, « pertes et dépenses qu'elles ont souffertes en cette « guerre, sera accordée en sorte qu'elle puisse contribuer « tant à la sécurité particulière desdites deux couronnes « qu'à celle de leurs alliés et adhérents dans l'Empire. » Certes , après tant d'assurances , de protestations , de déclarations, on ne pouvait guères prévoir que ce serait aux *alliés et adhérents* à supporter les frais de la satisfaction due à la France. Et lorsque la France for- mula enfin des exigences précises , ses représentants demandèrent d'abord que l'Allemagne voulût enfin reconnaître l'annexion des Trois-Évêchés , puis « *ut*

« *cedat Galliæ Alsatia superior et inferior, inclusis Suntgovia,*
« *Brisaco et Brisgovia, civitatibus sylvestribus, cum omni*
« *causa omnique jure quo ante præsens bellum possideban-*
« *tur a principibus domus Austriacæ.* » — Ainsi, à part
l'ancienne perte de 1552, il ne s'agissait que de possessions et de droits de la maison d'Autriche et nullement
de territoires des *alliés et adhérents* de la France dans
l'Empire. Les représentants ajoutaient que la France
était prête à tenir ces possessions et droits de l'Empire
à titre de fief impérial, exactement comme les avait
tenus jusqu'alors l'Autriche, si l'on reconnaissait au roi
pour ces fiefs siége et voix à la diète impériale. Ils
indiquaient, comme but de cette cession, « la sûreté
ultérieure des deux couronnes et *des princes alliés de*
l'Empire. »

On le voit, la France demandait avec toute la préci-
sion possible les possessions et droits en Alsace qui
avaient appartenu à l'Autriche jusqu'alors, et elle les
demandait non pas à son profit exclusif, mais aussi
pour l'avantage des États, des princes de l'Empire, ses
alliés.

Quelles étaient les *possessions* et quels étaient les
droits qui avaient appartenu jusqu'alors à l'Autriche en
Alsace ?

La réponse à cette question peut se faire en toute certitude et avec toute l'exactitude désirable. Il s'agit ici de rapports juridiques qui étaient fixés depuis des siècles et reconnus en tous sens ; il n'y avait de contestation sur aucun point. L'Autriche possédait en Alsace :

1. La plus grande partie du Sundgau ; savoir le comté de Ferrette, les seigneuries de Belfort, Delle, Thann, Altkirch et Isenheim.

2. Des *droits judiciaires sur certaines parties de l'Alsace*. Un membre de la maison d'Autriche était titulaire héréditaire de deux anciennes magistratures impériales, du *landgraviat de la Haute et de la Basse-Alsace* et de la *préfecture des dix villes impériales*, dite *préfecture de Haguenau*. La signification de ces titres, l'étendue de ces fonctions n'étaient, en droit public allemand, l'objet d'aucun doute. On sait qu'au moyen-âge certaines fonctions politiques, administratives, judiciaires se conféraient à des titulaires spéciaux, sans préjudice de l'indépendance du territoire dans les autres rapports. C'est ainsi que les landgraves avaient exercé en Alsace des fonctions judiciaires, sans jamais posséder la souveraineté territoriale sur les populations de leur ressort. Ces fonctions avaient été acquises, au treizième siècle, par la maison de Habsbourg qui en avait dès lors porté le

titre. Mais de tout temps elle en avait abandonné les droits et revenus, pour la Basse-Alsace, à l'évêque de Strasbourg, et dans la Haute-Alsace aussi elle avait cessé bientôt d'exercer sa juridiction, de sorte que longtemps avant le commencement de la guerre de Trente Ans le landgraviat n'était guère plus qu'un titre honorifique, presque sans valeur (1). Il en était à peu près de même de la préfecture des dix villes ; le préfet avait conservé le droit d'envoyer un commissaire à l'élection du bourg-mestre , il tirait de chaque ville un modique revenu appelé *stadtgeld*, et tenait , à titre de fief , de l'Empire, quelques villages aux environs de Haguenau , mais à part cela il n'avait aucuns droits régaliens quelconques.

« Les États d'Alsace compris dans le landgraviat , et les dix villes impériales soumises à la préfecture exerçaient une *pleine supériorité territoriale* avec une *entière immédiateté sous l'Empire*. Tous avaient le droit de suffrage à la diète , ils acquittaient leurs charges matriculaires , ils tenaient leurs contingents militaires , ils portaient leurs appels directement aux tribunaux suprêmes de l'Empire, etc. » (2)

(1) Voir le Mémoire des dix villes, présenté à Münster le 14 juillet 1647, et celui de l'évêque de Strasbourg, présenté à Osnabrück le 20 août 1647, avec pièces justificatives.

(2) *Archives d'Alsace,* ou Recueil des actes publics concernant cette

Cet état de choses était, je l'ai dit, reconnu en Alsace depuis des siècles. Les négociateurs français ne pouvaient l'ignorer. Lors donc qu'ils demandaient la cession des droits de l'Autriche en Alsace, cela signifiait : la cession de la plus grande partie du Sundgau, des villages des environs de Haguenau, des droits honorifiques et du *stadtgeld* provenant du landgraviat et de la préfecture des dix villes.

C'est bien ainsi que l'entendirent les négociateurs allemands. L'impression n'en fut pas moins assez pénible. On fit ressortir le contraste que formaient ces demandes avec les promesses antérieures. On fit valoir que les possessions d'Alsace n'appartenaient pas à l'Empereur, mais à une autre ligne de la maison d'Autriche, à l'archiduc Ferdinand Charles de Tyrol, qui était constamment resté neutre. Mais surtout, on se méfiait des intentions des Français, on redoutait leur ambition, leur soif de conquêtes (1). On craignit dès le premier instant qu'ils n'abusassent des titres honorifiques du

province, 1790, page 383. Cet ouvrage contient tous les documents relatifs à l'Alsace tirés des négociations et délibérations de Münster, Nimègue, Ryswik, Rastadt et Baden.

(1) « Ils veulent, disait alors l'ambassadeur impérial, avoir le Rhin tout entier, tout le pays des Francs, et enfin l'empire romain héréditairement : c'est à quoi ils prétendent *ab antiquo ex Caroli Magni familia.* »

landgraviat et de la préfecture pour opprimer les villes et les États. Longtemps on refusa de les laisser prendre pied en Alsace.

Cependant la fortune des armes se prononça en faveur de la France, et l'Empereur dut se résigner à la cession. En s'apprêtant à franchir ce pas difficile, ses envoyés posèrent avant tout, comme condition *sine qua non*, que tous les États de l'Empire, dans la Haute et dans la Basse-Alsace, seraient maintenus dans tous leurs droits tels qu'ils en jouissaient avant la guerre. Lorsqu'on en vint au détail de la négociation, on reprit la question, déjà touchée auparavant, de savoir si Louis XIV tiendrait l'Alsace autrichienne en fief de l'Empire, et si dans ce cas, il aurait siége et voix à la Diète de l'Empire (1), ou si les dits territoires et droits lui seraient abandonnés en souveraine possession, sans lien féodal. En Allemagne on optait en faveur de ce dernier parti, pour des raisons faciles à comprendre. On n'avait nulle envie d'accorder au gouvernement français le droit constitutionnel de s'ingérer dans les affaires intérieures de l'Empire, en l'admettant à la Diète. Tout semblait préférable à une pareille concession. Aussi les négociateurs impériaux proposèrent-ils la disposition suivante : Le

(1) Comme la Suède pour la Poméranie.

Sundgau, le landgraviat, la préfecture, avec tous fiefs et dépendances, seraient cédés au roi en toute souveraineté et juridiction, mais le roi serait obligé de maintenir tous les États de l'Empire en Alsace dans les droits qu'ils avaient actuellement, et dans leur immédiateté impériale, et de se contenter des droits jusqu'alors exercés par l'Autriche. Cette disposition fut reproduite dans une rédaction subséquente, où les États et princes en question furent énumérés nominativement ; ce sont les évêques de Strasbourg et de Bâle, les abbayes de Murbach, Lure, Andlau, Münster au Val Saint-Grégoire, le comte palatin de la Petite-Pierre, les comtes de Hanau et d'Oberstein, la chevalerie (noblesse impériale) et les villes impériales. Les négociateurs français acceptèrent cette rédaction, mais en demandant une petite addition. Le projet autrichien portait que le roi se contenterait des droits exercés par l'Autriche, tels qu'ils lui étaient conférés expressément par ce traité. Ils demandèrent qu'on réitérât à cet endroit la déclaration que la cession avait lieu en pleine souveraineté (1).

Avec un cocontractant de bonne foi, cette addition

(1) Quod ad domum Austriacam antehac spectarit, et in Galliae coronam per hunc tractatum expresse translatum erit, inter quæ recensendum, quod de supremo dominii jure supra dictum est.

n'offrait aucun danger. Bien plus : si l'on eût dit, sans autre, que la France exercerait en Alsace les mêmes droits que l'Autriche exerçait précédemment, on en aurait peut-être pu vouloir conclure dans la suite que la France était, comme l'Autriche, vassale de l'Empire, ce que les Autrichiens ne voulaient point. Aussi se montrèrent-ils disposés à marquer de rechef, à cet endroit, que les possessions et droits de l'Autriche étaient cédés en pleine souveraineté et indépendance. Il semblait aller sans dire que rien ne serait changé par là à l'étendue des droits cédés vis-à-vis des tiers. Toujours précisa-t-on encore dans ce sens la teneur de l'article, et le 7 septembre 1646 on s'accorda sur la rédaction qui a été reçue plus tard, comme article 87, dans l'instrument général de paix. Selon cet article, le roi est tenu de laisser les États d'Alsace dans la liberté et l'immédiateté qu'ils ont eues jusqu'à présent, de telle sorte qu'il n'exercera sur eux aucune supériorité royale, mais se contentera des droits qui appartenaient à la maison d'Autriche et sont cédés par ce traité à la couronne française, de manière toutefois « que par cette « présente déclaration on n'entende rien déroger au « droit de souverain domaine déjà ci-dessus accordé. » Ce qui avait été « accordé ci-dessus » n'était rien autre que la possession souveraine des pays autrichiens et des fonctions autrichiennes en Alsace. Ainsi ce qui avait été dit plus haut dans la forme affirmative , a été répété ici dans la forme négative. La France doit avoir en Alsace les possessions et droits qu'avait l'Autriche auparavant, et rien de plus. Seulement elle ne sera pas, comme l'était l'Autriche, vassale de l'Empire du chef de ces droits et possessions.

Lorsque cette convention fut soumise, pour confirmation légale, aux envoyés des États, de nombreuses voix s'élevèrent pour témoigner de la méfiance qu'elle inspirait. Non pas qu'on ait alors tenu le sens de l'acte pour obscur et ambigu, mais on craignait tout des Français; on aurait voulu les écarter autant que possible de l'Alsace. Les dix villes et l'évêque de Strasbourg déclarèrent qu'entre les mains d'un prince allemand le landgraviat ne les avait jamais gênés, mais qu'ils redoutaient de la part de Louis XIV toute espèce de chicanes du moment qu'il aurait pris position en Alsace. Cependant le mal était fait et les États durent se borner à faire leur possible pour empêcher des malentendus au sujet de la relation juridique entre l'Alsace et le roi. Ils présentèrent une déclaration spéciale là-dessus à l'envoyé français , et comme celui-ci disait n'avoir pas de pouvoirs pour l'accueillir, ils l'envoyèrent directement au roi de France (août 1648). La substance en est ce qu'on sait déjà : l'Autriche ne veut et ne peut céder à la France que ce qu'elle-même a, les États de l'Alsace restent en possession des libertés et droits qu'ils ont eus jusqu'à présent. Le traité de Münster fut signé, sans opposition, le 24 octobre 1648.

Je le demande : dans tout ceci y a-t-il l'ombre d'un doute, la moindre ambiguité, soit quant à l'intention des parties contractantes, soit quant à l'objet, clairement spécifié, de la convention ? Ce qui a été cédé en 1648, ce n'est pas le territoire où le landgrave rendait autrefois la justice, c'est l'office du landgraviat, c'est-à-dire les revenus que le titulaire en percevait ; ce ne sont pas davantage les dix villes dans lesquelles s'exerçait la préfecture, c'est l'office de la préfecture avec le *stadt-geld*. De nos jours, en Prusse comme en Belgique, le Pape exerce des droits à la nomination des évêques ; est-il jamais venu à l'idée de personne d'en déduire en sa faveur une prétention juridique à la souveraineté territoriale des diocèses? Telle était exactement la situa-tion réciproque de la France et des États alsaciens.

Au commencement d'ailleurs il n'y eut pas de difficultés ; la France reconnaissait, à tous les égards, la position des États, telle qu'elle avait été stipulée. C'est ainsi que l'Empire devant payer à l'armée suédoise une certaine somme d'argent, les villes d'Alsace payèrent la part qui leur incombait. Les troupes des puissances belligérantes devaient évacuer les territoires étrangers : les envoyés français signèrent une convention spéciale, en vertu de laquelle les régiments français quittèrent les villes impériales d'Alsace. Pendant près de vingt ans rien ne fut changé à Colmar, Haguenau, Strasbourg. A part les villages près de Haguenau et le Sundgau, l'Alsace restait une province allemande.

Mais à peine, Mazarin mort, Louis XIV eut-il commencé à régner par lui-même, que l'attitude du gouvernement français changea, et que les mesures vexatoires commencèrent, pour se succéder dès lors rapidement. On ne tarda pas à découvrir la théorie qui devait donner à la violence un certain vernis légal. On trouva que l'article 87 renfermait une évidente contradiction, puisque la première moitié de cet article refusait au roi la souveraineté et que la dernière phrase la lui accordait ; l'article était donc sans valeur, et il ne restait plus que la cession opérée antérieurement par l'article 73, lequel accordait ainsi au roi la pleine souveraineté sur l'Alsace entière, et non-seulement l'indépendance vis-à-vis de l'Empire dans les possessions ci-devant autrichiennes , mais la plénitude absolue du pouvoir de la couronne de France sur toute la province.

C'est là ce que M. Michiels appelle une lutte sur un vain hochet , pour une misérable cérémonie. Bien qu'il affecte de détester lès jésuites , il aurait agi sagement , dans son propre intérêt , s'il avait consulté l'*Histoire du traité de Westphalie* du Père Bougeant. Il est vrai qu'il n'y aurait pas trouvé une apologie de la conduite de Louis XIV conforme à la vérité historique , pareille apologie étant impossible, mais il aurait vu , du moins, comment à l'aide d'une dialectique adroite on peut donner un peu bonne façon à une mauvaise cause.

Il serait inutile de raconter ici les spoliations de Louis XIV , les ravages faits par Turenne en Alsace et dans le Palatinat, les vexations auxquelles les dix villes furent en butte , les procès des chambres de réunion , enfin la prise de Strasbourg en pleine paix , par trahison. Il n'y eut qu'une voix alors dans toute l'Europe pour stigmatiser de pareilles infractions au droit des gens , la même unanimité règne encore de nos jours sur ce point, et pour peu qu'on ait le sentiment de la justice et de la liberté , on n'enviera guères la gloire de M. Michiels de s'être posé seul, au XIXe siècle, en défenseur de ces crimes. Qu'il me soit permis seulement de mentionner certains détails qui sont caractéristiques soit pour la question de droit, soit pour la *bonne foi* des Français.

En l'an 1664, le gouverneur royal exigea des dix villes le serment de fidélité et d'obéissance au roi *comme à leur souverain seigneur*. Les villes refusèrent et offrirent de promettre par serment qu'elles rempliraient les devoirs que la paix de Münster leur avait imposés. Louis XIV, alors allié de la Suède, et qui avait toute influence sur plusieurs princes allemands, proposa à la Diète impériale, en 1665, de faire décider la question, *dans l'esprit du traité de Münster*, par des arbitres qui étaient la Suède, la Hesse, Cologne et Mayence. Cette proposition fut acceptée, la conférence ouverte. Gravel, commissaire royal, posa deux questions : La préfecture des dix villes n'a-t-elle pas été cédée au roi en toute souveraineté? Et quelle est la portée véritable de cette préfecture souveraine? Les arbitres, tout favorables qu'ils étaient au roi, répondirent que la préfecture avait été cédée à la couronne de France *jure supremi dominii, independenter et absolute*, ainsi d'une façon autre que ne l'avait jadis possédée l'Autriche (1); que la dite préfec-

(1) « *Auf welche weis sie beim Hause Œstreich hiebevor nit gewesen.* » 3.

ture se composait soit de certains villages, lesquels y appartenaient d'ancienneté , soit de certains *jura præstanda* dans les villes impériales , desquels droits ne résultait cependant, quant à ces villes, aucune supériorité royale contraire à l'immunité et à la liberté de ces villes, immunité et liberté réservées par l'article 87. Tel était d'ailleurs l'avis de Gravel lui-même. Il l'avait développé en 1661 et en 1664 , en toute franchise , par mémoire détaillé, présenté d'abord au ministre et ensuite au roi. Ce mémoire insiste très-expressément sur la signification des mots *souverain domaine ci-dessus accordé* , qui n'indiquent que l'indépendance vis-à-vis de l'Empire, mais nullement une sujétion plus grande des villes. Gravel conjure le roi de ne pas sacrifier à un léger gain territorial la réputation de probité dont il jouit en Europe et la sympathie des princes allemands. Il raconte en outre qu'il a exposé jadis ces mêmes « petits sentiments » à Servien , le négociateur français à Münster. Mais « M. de Servien me dit que nous aurions assez de « droit sur les dites villes pour le faire valoir avec l'épée, « lorsque quelque occasion favorable se présenterait. » Toutes les illégalités et les violences subséquentes ne sont-elles pas annoncées dans ces quelques mots (1) ? .

____

(1) M. Michiels , qui parle tant de la *duplicité allemande* , connaît

On sait que l'action des chambres de réunion n'était pas restreinte à l'Alsace, mais s'étendait à de nombreux territoires lorrains. Pour décider la sujétion des Alsaciens, ces chambres se fondaient sur l'interprétation mensongère de l'article 87 du traité de Münster. Pour réunir les Lorrains, elles exploitaient un mot du même traité. L'Empire consentait à céder à la couronne de France les trois évêchés (pris en 1552) *avec leurs districts.* Ici Servien joua le même jeu que dans la rédaction de l'article 87. Les négociateurs allemands avaient fait remarquer que le mot *district* pouvait se prendre dans diverses acceptions ; devait-il désigner ici les diocèses ecclésiastiques ou les territoires princiers, les possessions immédiates des évêques, ou aussi les fiefs de leurs vassaux ? Tous les efforts qu'ils firent pour obtenir dans le traité une désignation plus précise restèrent infructueux, Servien refusa tous les amendements qu'ils proposèrent. Sans doute, il voulait avoir assez de droit pour le faire valoir avec l'épée lorsque quelque « occasion favorable » se présenterait. Or, après la brillante paix de Nimègue, l'occasion parut favorable au roi. Les chambres de réunion se mirent à

et met à profit *l'Histoire de France* de M. Ranke, mais il saute, comme de juste, la citation des paroles de Servien. (Ranke, III, 442.)

l'œuvre. L'Autriche avait sur les bras, dans le principe, une grosse guerre contre les Turcs ; n'étant pas en état de résister, elle s'enferma dans un silence systématique qu'il convient à M. Michiels de qualifier de *consentement tacite*. Quelques années après, on en vint aux mains. La paix de Ryswik donna à la France la ville et l'évêché de Strasbourg et un certain nombre de seigneuries alsaciennes, mais les arrêts des chambres de réunion furent cassés et les autres territoires qu'elles avaient annexés durent être rendus. L'Allemagne avait consenti à de nouveaux sacrifices, mais les maximes des chambres de réunion étaient rejetées et le véritable sens de la paix de Westphalie était consacré une seconde fois.

Les mêmes dispositions furent répétées solennellement dans les traités de Rastadt et de Baden, en 1714. Le gouvernement de Louis XV n'en poursuivit pas moins, vis-à-vis de l'Allemagne, la voie prescrite par le *grand monarque*. L'Allemagne était divisée, donc faible, la France était un état unitaire, par conséquent elle était forte. Les usurpations se multiplièrent en Alsace. On se servit de la persuasion, de la corruption, des menaces, pour forcer les États à reconnaître au moins la suzeraineté française, moyennant quoi on les laissait d'ailleurs

en tranquille possession de l'administration ; ils conser-
vaient leur siége aux diètes allemandes, payaient à
l'Allemagne leurs contributions matriculaires, rece-
vaient l'investiture de l'Empire et restaient au point de
vue ecclésiastique soumis aux siéges métropolitains
allemands. Cette position mixte subsista jusqu'à la révolution.

Pour résumer, la France avait fait peu à peu en Alsace
les acquisitions suivantes :

En 1648, 284 communes avec 226,900 habitants.

En 1679, et dans les années suivantes, 313 communes avec 482,600 habitants.

Au dix-huitième siècle, 202 communes avec 175,600
habitants passèrent sous la suzeraineté française,
tout en conservant leurs autres droits et leur nationalité allemande dans cette position mixte indiquée
tout à l'heure. Il ne restait complétement sous l'Empire que 52 communes avec 76,400 habitants (1).

Ici plus encore qu'à-propos des événements de 1552,
l'histoire sérieuse et consciencieuse est unanime, en
France comme en Allemagne, dans l'appréciation de la
politique agressive de Louis XIV.

(1) R. Boeckh, *der Deutschen Volveszahlund Volksgebiet,* Berlin,
1870, p. 293 ss.

« On reconnaît, dit Lémontey (1), l'empreinte des
« doctrines italiennes (2), lorsqu'on entend ce prince
« déclarer que les traités sont des formules de politesse
« qui n'engagent point des hommes de bon sens, et
« que la solennité de leurs clauses avertit seulement
« qu'il convient de les violer. Les fruits furent dignes
« d'une si étrange culture. Par les secours fournis au
« Portugal, la paix des Pyrénées est enfreinte aussitôt
« que signée ; le même machiavélisme dépouille le duc
« de Lorraine de ses États , et mademoiselle de Mont-
« pensier de son patrimoine. Les chicanes du droit civil
« et les iniquités du droit féodal s'emploient tour à tour
« pour détruire une renonciation jurée et pour franchir
« des limites reconnues. On surprend à la manière des
« conspirateurs Strasbourg, Colmar et Casal ; enfin les
« chambres de réunion rendent la paix plus hostile que
« la guerre. »

Sismondi (3) déclare que par la paix de Münster la
maison d'Autriche n'avait cédé au roi en Alsace que ce
qui lui appartenait à elle-même, et qu'elle avait réservé .

(1) *Essai sur l'établissement monarchique de Louis XIV*. Tome IV
des œuvres complètes de Lémontey , édition de Bruxelles , 1829,
p. 96 , 97.
(2) Des doctrines de Mazarin.
(3) *Histoire des Français* , XXV, 409, 411 (édition citée, 1841).

expressément à l'Empire la souveraineté des dix villes,
mais que le roi ne voulut tenir aucun compte des droits
des princes de l'Empire, et qu'il mit l'Allemagne en
émoi par une suite d'usurpations violentes. Mais l'Allemagne n'était pas en état de faire la guerre, « la France
« seule menaçait, attaquait, et se croyait certaine
« qu'on ne lui résisterait pas. »

M. Dareste est plus sévère encore (1) : « Louis XIV
« n'avait ni honte ni scrupule quand il s'agissait de son
« intérêt, qu'il confondait avec sa gloire. Vis-à-vis des
« étrangers, il ignorait ce que c'était que la justice. »

M. Henri Martin ne laisse pas plus ici que pour 1552
de doute sur la question de droit. Seulement, pour les
dix villes, il se réfère à la reconnaissance de la souveraineté du roi par le traité de Münster, avec laquelle il
reconnaît cependant que d'autres clauses du traité sont
en contradiction. Pour le reste, la seule excuse de
Louis XIV lui paraît être le fait que Strasbourg, ville
libre et impériale, ne pouvait pas être tolérée au milieu
de l'Alsace française, « que les limites de la Basse-
« Alsace et du pays messin étaient mal définies, enta-
« mées, enchevêtrées.... cela ne pouvait pas s'appeler
« une frontière. »

(1) *Histoire de France*, V.

Je ne veux pas contredire M. Martin. Il ne sera pas surpris, en revanche, si l'on trouve aujourd'hui, en Allemagne, les limites de Bade et du Palatinat mal définies et entamées, et que cela ne peut s'appeler une frontière.

III

Tels sont les tristes et honteux moyens par lesquels la plus grande partie de l'Alsace et de la Lorraine a été séparée de l'Allemagne et jointe à la France. Le reste eut le même sort dans le cours du dix-huitième siècle.

Le duché de Lorraine d'abord. Environné comme il était de possessions françaises, parsemé même à l'intérieur de districts français, ce n'était plus qu'un jouet dans la main du puissant voisin. Henri IV déjà, qui gardait rancune aux Guise depuis les guerres de religion, avait prescrit pour tâche à sa dynastie d'incorporer la Lorraine : Louis XIV songeait sans cesse à la subjuguer ; il y fit plusieurs fois entrer ses armées, extorqua au duc une soumission écrasante, réoccupa militairement le pays aux premières velléités de relèvement. M. Michiels refait ici, sans le vouloir, la fable du loup et de l'agneau. Toute tentative du duc pour se soustraire à la subalternité qui lui avait été imposée par la force , est une honteuse rupture de la foi jurée , rupture dont l'incessant renouvellement devait finir par lasser même la patience infinie de la Cour de Versailles : « Ici encore, je le demande à tous « les hommes d'État de l'Europe, quelle est la puissance « moderne qui tolérerait chez un principicule voisin « une si astucieuse et pernicieuse conduite ? » Et surtout chez un principicule qui aurait reçu , comme le duc du roi de France, un bienfait tel qu'une âme reconnaissante en aurait oublié sur le champ la ruine de son pays : le duc avait sa *place réservée* à la cour de France, «*comme des seigneurs indigènes* ; » — «il prenait « le pas sur les ducs et pairs... — Quand on lit impar-« tialement leur histoire » , ajoute M. Michiels , « ce « n'est pas la rigueur de la France qui étonne, mais « sa longanimité. »

Je me crois dispensé de discuter en détail les manifestations de cette longanimité , en premier lieu parce que la contrée dont il s'agit n'est probablement en jeu dans le présent débat que pour une petite partie , — en effet , ce qu'on sait jusqu'aujourd'hui des exigences de la Prusse permet toujours d'admettre qu'elles sont restreintes à l'Alsace et à la Lorraine allemande — ; puis aussi parce que pour cette période-ci ,

comme pour 1552 et 1680 , M. Michiels affecte une
originalité de vues qu'on ne lui enviera guère , tandis
que la véritable histoire confirme l'appréciation diamé-
tralement contraire à la sienne. On possède , sur cette
matière, un livre capital, puisé tout entier aux sources
mêmes, aux archives de France, c'est l'*Histoire de la réunion de la Lorraine à la France* de M. le comte d'Haussonville. Cet ouvrage n'est point resté inconnu à
M. Michiels, qui s'en sert et le cite , de la même façon,
il est vrai, qu'il utilise et cite Dom Calmet et M. Ranke.
M. d'Haussonville tient le résultat des agressions françaises en Lorraine pour salutaire en définitive et pour
heureux, mais il est bien loin de déclarer les procédés
français équitables ou justes. Il suffit , pour le but que
je poursuis , de reproduire quelques lignes de son
Introduction.

« Je n'épouserai les préventions d'aucun parti. Je
« resterai de sang-froid. J'aurai même soin de me
« défendre de la passion posthume et , partant, un peu
« factice que le récit des faits allume parfois chez l'écri-
« vain qui les raconte. L'impartialité sera ma règle.

« L'acquisition de la Lorraine, conforme aux intérêts
« de la France et nécessaire à sa grandeur, fut l'œuvre
« d'une politique *profondément habile , moins soucieuse*

« *du droit que de la force, et plus nationale que scrupuleuse.*

« Les efforts des ducs de Lorraine, de la noblesse et du

« pays entier , pour préserver leur commune indépen-

« dance , ont été continuels et opiniâtres. La lutte

« soutenue pendant un temps si long , n'a pas été sans

« courage , sans quelque gloire , et surtout , sans beau-

« coup de souffrances. Moins qu'un autre , je ne vou-

« drais ni être injuste pour la cause la plus faible , ni

« oublier les souvenirs qui honorent , dans le passé ,

« une province devenue aujourd'hui si complétement

« française (2). »

Les mêmes sentiments règnent d'un bout à l'autre du livre Français, l'auteur se réjouit du gain territorial qu'a fait la France ; homme , sa sympathie appartient tou-jours au faible et à l'opprimé. Il ne cache jamais de quel côté est le bon droit. Il ne songe pas à insulter au duc , comme le fait M. Michiels , parce qu'il défendait son indépendance. A l'égard des péripéties finales , l'attitude des deux auteurs est très-différente aussi. Le duc Léopold , bien convaincu que la résistance n'avait plus aucune chance de réussite, voulut procurer ailleurs à son fils une existence sûre et , de plus , brillante , en le mariant à Marie-Thérèse d'Autriche. Il n'ignorait

(1) *Histoire de la réunion de la Lorraine* , p. 3.

point, cependant, qu'il accélérait ainsi l'annexion de la Lorraine, puisqu'il était évident que jamais la France ne tolérerait l'héritier de l'Autriche à Nancy. M. d'Haussonville fait valoir ces considérations de Léopold, et, pour atténuer un peu la spoliation, il interprète comme une sorte d'entente la résignation avec laquelle le duc voyait venir l'inévitable. Aussitôt M. Michiels s'empresse de faire d'une entente de cette nature un titre juridique formel en faveur de l'annexion : le duc était d'accord, l'Autriche favorisait ses plans, la France n'avait aucune raison pour s'y opposer, donc aux yeux de M. Michiels, tout est parfaitement en règle et dans le plus bel ordre. Ordre d'une haute moralité, vraiment, accord librement conclu, selon la vieille maxime de droit : *Coactus voluit, voluit tamen*, l'accord du voyageur qui, sentant le pistolet sur sa gorge, conçoit le désir subit de donner sa bourse au bandit ! Au reste, M. Michiels garde, à bon escient, un silence absolu sur le point qui, pour nous, est seul décisif, savoir sur la lésion commise au préjudice de l'Empire. C'est qu'en en parlant, il aurait mis lui-même à néant sa démonstration antérieure, par laquelle il s'est efforcé de prouver que la Lorraine n'était pas une province de l'Empire, mais un État indépendant. Louis XV et le cardinal Fleury étaient mieux instruits. On voit par les négociations de la paix que la Lorraine perdit seulement alors son siége et sa voix à la Diète impériale, et que la cession à la France ne fut parfaite ni par le consentement du duc , ni par celui de l'Autriche : elle ne le fut que par le vote de la Diète.

M. Michiels est très-fier de pouvoir, à ce propos, opposer à la convoitise des Allemands d'aujourd'hui l'autorité écrasante d'un Allemand du siècle dernier, qui n'est rien de moins que le roi de Prusse Frédéric II, ce prince pour lequel , dit avec raison M. Michiels , « les Allemands ont une telle adoration qu'ils ne l'appellent pas Frédéric le Grand , mais Frédéric l'Unique. » — « L'opinion de ce prince, » ajoute-t-il, « devra « donc leur sembler très-importante. » Puis il copie , avec un plaisir visible, un fragment d'un mémoire bien connu que Frédéric, encore prince royal, a écrit en 1738, tout de suite après la cession de la Lorraine par l'Empire. Et en vérité, quelle joie c'eût été pour Messieurs Thiers et de Girardin, Dussieux et Duruy, et pour tous les partisans des *limites naturelles*, si M. Michiels avait découvert ce trésor un peu plus tôt ! On peut effectivement lire ceci, très-réellement écrit de la propre main du grand roi de Prusse : « Du côté du Nord-Est ,

« la France n'a d'autres limites que sa modération et sa
« justice. L'Alsace et la Lorraine, démembrées de l'Em-
« pire, ont reculé les bornes de sa domination jusqu'au
« Rhin. *Il serait à souhaiter que le Rhin pût continuer à faire*
« *la lisière de leur monarchie* (1)... » Et le prince constate qu'il ne faudrait pas de grands efforts pour atteindre ce but : il suffirait de l'incorporation du Luxembourg, de Trèves et de la Belgique, d'un peu d'habileté
diplomatique, et l'affaire serait faite !

Que pourrait désirer de mieux le plus grand *chauvin*
de France ? Quand même Frédéric appartenait, selon l'expression de M. Michiels, à la *synagogue germanique*,
comme il avait le jugement sain, presqu'aussi sain que
s'il était né Français ! Un prince bien différent, n'est-ce
pas, de son indigne successeur d'aujourd'hui, l'Empereur Guillaume, qui est Allemand jusqu'à la moëlle
des os ?

Le quiproquo que fait ici M. Michiels est plus grave
que toutes ses bévues précédentes. Toutefois il y a bien
quelques circonstances atténuantes en sa faveur. En
effet, Frédéric le Grand lui-même, si Français par la
culture de son esprit, est pourtant resté assez Allemand

(1) *Considérations sur l'état présent du corps politique de l'Europe*. Tome VIII des œuvres complètes de Frédéric le Grand. Berlin, 1848.

pour dire ou plutôt pour sembler dire quelquefois autre chose qu'il ne pense ; de temps en temps même il employe la figure de rhétorique qu'on appelle *ironie*, qu'assurément on ne peut pas demander aux caractères foncièrement honnêtes, comme M. Michiels, de comprendre toujours. Ajoutons cependant, pour excuser le prince, qu'en l'an 1738 il n'était qu'un jeune homme de vingt-cinq ans, et qu'en rédigeant ses *Considérations* il ne pensait pas encore à un avenir éloigné où seraient possibles des méprises comme la présente.

Au fait, je me demande si même M. Michiels aurait pu se tromper de la sorte sans l'habitude qu'il paraît avoir de ne lire, dans chaque livre où il puise, que la page ou la demi-page voulue, sans s'occuper du contexte. Pour qui parcourt l'ensemble du mémoire de Frédéric, un malentendu n'est pas possible. Frédéric écrivait tout de suite après la conclusion de la paix qui avait donné la Toscane au futur époux de Marie-Thérèse et mis la Lorraine entre les mains de la France. Ainsi gain pour la France, gain pour l'Autriche, et le Saint-Empire payait les frais. Cela étant, et « vu l'état léthargique de plusieurs princes de l'Europe », Frédéric démontre la nécessité qu'il y a pour l'Allemagne à ce que ses

princes s'unissent fortement afin de se garantir , à l'Est
comme à l'Ouest , contre le renouvellement de semblables expériences *in corpore vili*. Il marque en traits nets
et précis les dangers qui menacent de l'un et de l'autre
côté, grâce à l'ambition française, il prémunit expressément contre la sécurité trompeuse dans laquelle
certains se sont laissés endormir par les allures débon-
naires et les discours pacifiques du ministre dirigeant,
le cardinal Fleury. Il est d'avis qu'on ne saurait trop se
méfier de la manie d'agrandissement du gouvernement
français. A l'Est et au Sud , l'Océan et les Pyrénées
forment des limites infranchissables. Mais au Nord-Est ,
poursuit le prince , il n'existe pas de limites pareilles ;
là , nulle barrière ne contient la France , si ce n'est
sa *modération* et sa *justice*.... — En Alsace elle atteint
déjà le Rhin ; il serait bien désirable (— est-il besoin
d'ajouter : à l'ambition française ? —) que le Rhin conti-
nuât plus bas encore à former la frontière.

« Pour cet effet , il se trouve un *petit* duché de
« Luxembourg à envahir , un *petit* électorat de Trèves
« à acquérir par quelque traité , un duché de Liége
« par *droit de bienséance* ; les places de la barrière ,
« la Flandre et quelques *bagatelles* semblables devraient
« être nécessairement comprises dans cette réunion ,
« et il ne faudra à la France que le ministère de

« quelque homme modéré et doux » (comme le cardinal Fleury) « qui, prêtant, s'il m'est permis de m'ex-
« primer ainsi, son caractère à la politique de sa
« cour ,........ conduira, *à l'abri de dehors respectables*,
« ses desseins à une heureuse issue. »

M. Michiels est bien un peu surpris que Frédéric
traite toute la Belgique de bagatelle et qu'il aille jusqu'à recommander lui-même aux Français la mauvaise
foi comme moyen de conquête. Mais la seule conclusion qu'il en tire, c'est que cette mauvaise foi était
dans la nature allemande de Frédéric II, et que la
mention qu'en fait le prince atteste simplement combien était ardent son désir de voir la rive gauche du
Rhin entre les mains de la France.

Frédéric compare ensuite la politique du cardinal
Fleury à l'égard de l'Allemagne avec celle du roi Philippe de Macédoine à l'égard des Grecs. Il remarque
que l'occupation des Thermopyles et de la Phocide
donnait à Philippe les clefs de la Grèce entière. Puis
il continue comme suit : « L'histoire de France nous
« fournit un exemple qu'il n'est pas possible de lire
« sans se souvenir du trait de l'histoire ancienne
« que je viens de citer. On comprend bien que c'est
« de l'acquisition de l'Alsace et de Strasbourg que

« je veux parler. Ces États aliénés de l'Allemagne en
« étaient autrefois comme les Thermopyles ou comme
« le boulevard , et la Lorraine.... répond à la Phocide
« par rapport à sa situation. Une manière si ressem-
« blante à celle du roi Philippe découvre , ce me
« semble , assez clairement une conformité de dessein
« parfaite : Philippe ne s'en tint pas aux Thermo-
« pyles ; il passa outre. » Frédéric établit encore
d'autres parallèles historiques , montrant les moyens
et les procédés d'une ambition qui ne tend à rien moins
qu'à la domination universelle , et il fait valoir les
grands résultats qu'a déjà obtenus la France. « Enfin »,
dit-il , « a-t-on des différends ? la France les décide.
« Veut-on faire la guerre ? la France est de la partie.
« S'agit-il de régler les articles de la paix ? la France
« donne la loi et s'érige en arbitre souveraine de
« l'univers. »

Quoiqu'il en soit, le Frédéric de 1738 fait grand plaisir à M. Michiels. Malheureusement la conduite subséquente du roi n'a guères répondu aux intentions de l'historien français. On sait que Marie-Thérèse avait promis
la Belgique à un prince de la maison de Bourbon et le
Luxembourg à la couronne de France, si l'on parvenait
à la remettre en possession de la Silésie. C'est contre

ces projets que la Prusse fit en 1756 avec l'Angleterre le traité de Westminster , dont l'unique but était d'empêcher la France d'envahir le pays rhénan et le Hanovre, et c'est afin que la Belgique et, par suite, la rive gauche du Rhin ne devinssent pas françaises , que Frédéric a couru les risques terribles de la guerre de Sept Ans.

IV

Après les annexions de 1648 et de 1681, environ un tiers de l'Alsace était encore à l'Allemagne ; savoir 254 communes avec 252,000 habitants (1) , possessions du Wurtemberg, de Hesse-Darmstadt, du Palatinat, et d'une série de plus petits États de l'Empire, lesquels reconnaissaient à la vérité pour ces territoires la suprématie française , mais n'en étaient d'ailleurs pas moins, comme on l'a vu, en possession incontestée de l'administration.

Il était réservé à la révolution d'arracher ces derniers lambeaux du corps auquel ils avaient appartenu pendant dix siècles, pour les souder à la France, cette fois au nom de la liberté et de la fraternité. On peut lire dans les recueils d'anciennes lois françaises les décrets de 1789 et de 1790 qui s'y rapportent ; les débats qui eurent lieu à ce sujet sont reproduits *in extenso* au

(1) Ces chiffres sont tirés comme ceux indiqués plus hauts de l'excellent livre de M. Richard Boeckh.

Moniteur et ailleurs aussi. La « pleine souveraineté » du traité de Münster y joue, pour la seconde fois, son rôle fatal. Un discours du citoyen Desmeuniers offre encoré de l'intérêt. Ce député affirme qu'il n'existe, à proprement parler, pas d'Empire allemand, mais seulement une libre agrégation d'États indépendants, et que la France n'a qu'à s'arranger avec chacun de ces États en particulier. C'est ainsi qu'il y a quelques années M. Thiers parlait de la *nation badoise*, dont la France ne devait jamais souffrir l'annexion à un Empire allemand. C'est encore ainsi que nous entendions tout à l'heure M. Michiels plaider pour le bon droit de la France de détacher l'un après l'autre et de s'approprier les pièces et morceaux de cette incohérente agrégation.

En vertu d'arguments de cette espèce, plus de 200000 Allemands furent séparés de leur patrie, non pas dans l'antiquité reculée, mais sous les yeux de bien des gens qui vivent encore à l'heure qu'il est. Ce fut là le premier pas vers les terribles guerres qui ont ébranlé le continent européen de 1792 à 1815. Chose curieuse, et caractéristique pour la manière de voir de nos voisins *Gaulois* : aujourd'hui encore ils ne connaissent pas à la guerre de la révolution d'autre motif que ce qu'on nomme la convention de Pillnitz, ils ne pensent pas à compter comme *casus belli* pour l'Allemagne la dernière grande réunion opérée en Alsace, ils ne mentionnent même pas cette réunion.

Et je comprends qu'ils n'y songent point. Leur vanité naïve leur fait envisager l'annexion d'un pays à la France comme un acte de bienveillance de la part de la *grande nation*. L'Allemagne, qui jadis était plus raisonnable qu'à présent, pouvait-elle sérieusement entreprendre une guerre, parce que quelques-uns de ses fils avaient été reçus dans la famille française, c'est-à-dire dans la meilleure société du monde entier ? Il est vrai que les États atteints en 1791 ont protesté avec autant d'énergie et de ténacité qu'on avait protesté dans le temps contre la politique de réunion de Louis XIV. Il est encore vrai que les démocrates français de 1790 ont proclamé, aussi solennellement que les républicains de 1871 le droit de l'homme à disposer librement de lui-même, et qu'ils ont condamné par de pompeuses déclarations le droit brutal de la conquête. Seulement, comme il n'est pas de règle sans exception, comme même, à ce qu'on dit, l'exception confirme la règle, ils ont excepté de ce commandement du désintéressement un seul peuple, savoir eux-mêmes, si bien qu'ils ont pu, en toute sûreté de conscience, s'annexer d'abord les possessions et droits régaliens allemands en Alsace, puis la Savoie et Nice , puis la Belgique et Liége , et finalement toutes les *bagatelles* du pays rhénan , jusqu'à ce que parut Napoléon qui prit la moitié de l'Europe pour l'ajouter à ces bagatelles. Partout ailleurs, la règle générale doit être maintenue et appliquée d'autant plus rigoureusement : il est défendu de conquérir le pays d'autrui , et quant à la revendication de conquêtes françaises, c'est , M. Michiels le déclare en propres termes , une *extravagance* , une *sottise* et une *indignité*.

Au reste et cela se conçoit , M. Michiels ne s'occupe pas des annexions faites en Alsace pendant la révolution. Il les ignore, et doit les ignorer, puisqu'il est convaincu que l'Alsace entière a été abandonnée à la France en 1648. Il est certain que lorsqu'on dit : « l'Alsace est province française depuis 222 ans , la Lorraine depuis 318 ans » , les titres de possession de la France ont bien meilleure tournure que lorsqu'on narre les événements tels qu'ils se sont passés , et qu'on avoue que l'usurpation française a progressé pas à pas depuis 1552, en 1648, en 1681, en 1737, et n'a été consommée qu'en 1794 , ou même, plus exactement, qu'à la paix de Lunéville en 1801. M. Michiels insiste beaucoup sur ces 318 et ces 222 ans. Il fait valoir la longue, l'immémoriale prescription , au bénéfice de laquelle doit se trouver la France , et les dangers que courrait le droit international dans l'Europe entière , l'état de possession de toutes les puissances , s'il était permis de revendiquer après trois siècles ! Mais si les choses étaient réellement telles qu'il les représente , on pourrait toujours du côté allemand lui répondre par cette question-ci : la France a-t-elle le droit d'invoquer ce principe , quand tous les partis français , sans exception , réclament tous les pays de la rive gauche du Rhin , à titre d'ancienne terre gauloise , faisant ainsi remonter leurs revendications , non pas à trois siècles , mais à vingt siècles en arrière ?

Heureusement qu'il n'est pas nécessaire de discuter là-dessus au sujet de l'Alsace et de la Lorraine. On a vu suffisamment , je pense , que la possession de ces pays par la France manque de tous les éléments requis pour une prescription juridique. La bonne foi, le juste titre, le laps de temps y font également défaut. Ce qui s'est prolongé durant trois siècles, ce n'est pas la possession, c'est la spoliation. Il est clair d'ailleurs que si une prescription avait pu naître de spoliations antérieures, chaque spoliation nouvelle devait l'interrompre à nouveau. C'est un des principes les plus incontestés du droit des gens que la

4.

guerre anéantit les traités précédemment intervenus entre les nations belligérantes et que le nouveau traité de paix donne seul la mesure de leurs relations juridiques à venir. Ainsi les attaques sans cesse renouvelées des Français ont détruit, pour l'Allemagne, chaque traité antérieur. Quand M. Michiels nous rappelle aujourd'hui la solennité et la sainteté de nos cessions de 1648 et de 1697, ce ne sont là que phrases vides et vaines. Avant le 19 juillet 1870, nos relations avec la France n'étaient réglées que par les traités de 1815. Depuis ce jour, elles ne le sont que par le tranchant de l'épée.

M. Michiels invoque aussi les traités de 1815 pour montrer tout ce qu'a d'odieux notre revendication de l'Alsace et de la Lorraine. Je regrette de répéter sans cesse la même chose, mais il prouve encore une fois, comme pour l'an 1552, comme pour l'an 1648, qu'il se laisse facilement aller à parler de traités et de négociations sans avoir consulté les documents et les ouvrages qui s'y rapportent. Car s'il s'était livré à ce travail, qui exige quelque peine, il n'oserait ni pour 1814 ni pour 1815 lancer l'affirmation fort risquée, que personne alors ne songeait à reprendre à la France vaincue l'Alsace ou la Lorraine et que personne n'en a

parlé. « En a-t-on soufflé mot ? Un seul orateur , dans
« le congrès des puissances européennes , a-t-il reven-
« diqué les malheureux territoires que la Prusse
« dépeuple aujourd'hui, etc. » A cette question qu'il se
pose , M. Michiels répond non. « On ne lui reprocha
« pas (à la France) d'avoir volé l'Alsace et la Lorraine,
« on ne lui en contesta pas la légitime possession. »

Pour pouvoir s'exprimer ainsi , il faut bien que
M. Michiels ne se soit jamais occupé de l'histoire des
traités de 1814 et de 1815. Sinon, comment ignorerait-
il que les pourparlers entre les puissances alliées ,
lesquels ont abouti au traité de Paris , sont restés
jusqu'aujourd'hui un *secret d'archives,* que par conséquent
l'on se rend ridicule en faisant sur leur contenu des
assertions positives ou négatives (1). Il y a plus. Mettons
même qu'en ce temps-là aucune voix n'ait réclamé
l'Alsace et la Lorraine. Qu'en résulterait-il pour le
débat actuel ? La guerre avait été entreprise par la
France impériale, qui comptait au nombre de ses villes
Rome, Lübeck et Amsterdam. On pouvait donc consi-
dérer déjà comme un gain immense de la réduire aux

(1) M. Thiers n'en sait que ce qu'il a pu apprendre par les rapports
français , lesquels ne donnent naturellement aucune information sur
ce qui s'est pensé , dit et fait chez les alliés et entre les alliés. *His-*
toire du Consulat et de l'Empire, tome XVIII.

limites de 1790. Mais ensuite, après que cette France ancienne eut traversé l'orage des Cent-jours, lorsqu'on en vint aux négociations de la paix de 1815, est-ce qu'alors encore personne n'a parlé de l'Alsace et de la Lorraine ? Cette fois, on connaît les négociations, elles sont, presqu'au complet, ouvertes au public. La correspondance de Lord Castlereagh et du duc de Wellington avec le ministre, lord Liverpool, est imprimée ; la biographie du baron de Stein, l'histoire de la deuxième paix de Paris, par Schaumann, l'histoire de la Russie depuis 1815, par Bernhardi, ont éclairci chaque point des négociations.

Or, on y voit que le ministère anglais et l'opinion publique de l'Angleterre demandaient la restitution des conquêtes de Louis XIV, que l'Autriche et la Prusse, la Bavière et le Würtemberg firent de grands efforts pour regagner l'Alsace et la Lorraine à l'Allemagne, que la voix de la nation allemande se fit entendre avec énergie dans ce sens. Et c'est en présence de ces faits dès longtemps publiés, dès longtemps notoires, que M. Michiels affirme, avec une assurance magistrale : *Nul n'a songé à réclamer ces provinces !*

Pourquoi l'Allemagne n'obtint-elle pas la réparation de ses pertes ? Hélas, ce n'est pas un mystère non plus-

Le souvenir en est encore assez instructif. Lord Castlereagh s'était laissé persuader par Fouché et Talleyrand que le pouvoir légitime des Bourbons en France serait frappé d'une impopularité complète, n'aurait par conséquent ni force ni durée, s'il lui fallait débuter par une cession territoriale. Lord Castlereagh demanda donc que le territoire français restât entier, pour préserver l'Europe de bouleversements nouveaux. On le voit, c'est la même phrase qu'on répète aujourd'hui. Le gouvernement qui, dans un traité de paix, sacrifierait un pouce du sol de la France, se rendrait par là même impossible et pourrait compter sur une révolution dans l'avenir le plus prochain. La sagesse de cette assertion ne s'est guère vérifiée par l'expérience. On laissa, en 1815, l'Alsace et la Lorraine à la France pour apaiser les passions révolutionnaires, et cinq ans après le pays fourmillait de conspirations, et dix ans plus tard la branche aînée était renversée par une explosion révolutionnaire du plus grand style. Cela étant, ne pourrait-on pas trouver convenable de suivre une fois le chemin opposé et de chercher à garantir le repos de l'Europe, non en cultivant l'orgueil français, mais en renforçant les frontières allemandes ?

C'était bien, au fond, l'opinion qui dominait chez

les hommes d'état de 1815. Jamais Lord Castlereagh n'aurait prévalu , si des motifs d'un tout autre ordre ne lui avaient donné un allié dont la voix devait être décisive. C'était le czar Alexandre , qu'une double influence poussait en ce sens. D'une part , Mesdames de Krüdener et de Lezay-Marnésia lui avaient inspiré des idées religieuses d'un mysticisme sentimental , d'où devait bientôt sortir la Sainte-Alliance et auxquelles paraissaient convenir l'humilité dans la victoire , la clémence envers le vaincu et une chaude amitié pour la France. D'autre part , le comte Capo d'Istria avait allumé l'ambition du czar en faveur de l'affranchisse— ment de la Grèce et du bouleversement de l'Orient ; on craignait de rencontrer sur cette voie des obstacles pro— venant de l'Angleterre et des puissances germaniques , et l'on tenait , dans cette prévision , à se concilier les faveurs d'une France suffisamment forte. Enfin , pour tout dire , Alexandre estimait qu'il était conforme aux intérêts de la Russie de ne pas donner à l'Allemagne une pleine et entière sécurité vis-à-vis de la France ; il voulait laisser subsister quelque danger de ce côté , afin que l'Allemagne , ayant besoin de la Russie , en restât ainsi dépendante.

Tels furent donc les motifs pour lesquels l'Alsace et

la Lorraine sont restés à la France. Il fallait que la Sainte-Alliance pût se former , que la Russie fût toute puissante en Orient et que l'Allemagne subît l'influence dominatrice du czar.

On sait quelle riche moisson la politique russe a récoltée des semences jetées dans ces intentions.. Cela n'empêche nullement maints honnêtes libéraux et républicains , principalement en Angleterre , de protester de toutes leurs forces contre notre demande d'une frontière sûre , et cela pour le motif que tout renfort de l'Allemagne serait un gain pour la Russie. On a vu que le czar Alexandre était de l'avis contraire ; il voulait , selon l'expression du baron de Stein , *maintenir l'Allemagne vulnérable* , dans l'intérêt du pouvoir russe. Il serait fort aise sans doute , s'il voyait sa politique franco-allemande prônée dans les *meetings-monstres* de Londres par les ennemis les plus acharnés de son successeur.

V

Les traités de 1815 mettaient l'Allemagne du Sud, désarmée, à la merci du canon de Strasbourg, partageaient la Prusse en deux masses disjointes, et condamnaient la constitution fédérale à une triste impuissance. Ils ne pouvaient être populaires en Allemagne, pas plus auprès des hommes d'État que dans le gros de la nation. Cependant l'Allemagne les a toujours observés scrupuleusement.

Dès le principe, ni l'opinion publique ni le gouvernement prussien n'ont laissé percer la moindre animosité à l'égard de la France. Est-ce la faute de la Prusse, si, en 1830, la révolution belge et l'insurrection de la Pologne ont détruit deux des plus importantes créations de 1815, le royaume des Pays-Bas et la constitution polonaise? Est-ce la faute de la Prusse si, en 1840, le ministère Thiers a menacé le pays rhénan d'une invasion française à propos de différends entre l'Égypte et la Turquie, et s'il a réveillé ainsi chez notre nation tous

les souvenirs des calamités de l'époque napoléonienne
et des annexions de Louis XIV ? Dès que la sagesse de
Louis-Philippe eut chassé la sinistre nuée, toute
arrière-pensée sur l'Alsace et la Lorraine a disparu
aussi. Pourvu qu'on nous laissât tranquilles, aucun
voisin n'a rien eu à craindre de notre ambition, et toujours le gouvernement prussien s'est appliqué à n'avoir
que de bonnes relations avec notre grand voisin de
l'Ouest. On sait bien qu'après 1830 le roi Frédéric-
Guillaume III a travaillé sans relâche à faire reconnaître
Louis - Philippe. Frédéric – Guillaume IV s'est résigné à
reconnaître la république, malgré la répulsion que lui
inspirait la révolution de février. Il s'est encore résigné,
lorsque Napoléon III est monté sur le trône en violation
ouverte des traités de Vienne. On sait aussi que lorsqu'éclata la guerre de Crimée, le cœur de Frédéric - Guillaume IV répugnait à soutenir le mahométisme et que son
esprit jugeait chimérique le programme anglais d'une régé-
nération de l'Orient. Ses sympathies étaient donc pour
le czar, son beau-frère ; il n'en a pas moins évité avec
une sollicitude extrême toute démarche hostile aux
puissances occidentales, il a même très-efficacement
secondé leur cause, en un point capital, par son
alliance avec l'Autriche. Son frère et successeur a suivi

la même ligne de conduite à l'égard de la France. En 1859, il a préféré s'exposer aux violentes colères d'une grande partie des populations d'Allemagne, plutôt que de mettre les forces de l'Allemagne au service des intérêts de l'Autriche en Italie contre la France; ce n'est qu'au moment où l'armée française est apparue sur les frontières de la confédération germanique qu'il a *mobilisé* l'armée prussienne. Il est impossible, en un mot, de signaler durant toute cette période le moindre fait qui trahisse soit chez le gouvernement soit chez le peuple prussien l'ombre d'une disposition hostile à la France. Sans doute les deux puissances n'ont pas été toujours du même avis sur les grands problèmes de la politique européenne, mais chaque fois l'on a réussi à éviter tout frottement et, en fin de compte, à s'entendre. On se souvient du vacarme qu'ont fait les protectionnistes allemands et les partisans de l'Autriche à l'occasion du traité de commerce franco-prussien de 1863, dont la conclusion a sur-le-champ multiplié à l'infini les relations pacifiques entre les deux pays. Dès lors les fabricants allemands ont étudié les grands progrès de l'industrie française dans un esprit d'émulation reconnaissante, et le gouvernement français a envoyé des commissaires en Allemagne rassembler les matériaux d'une réforme de l'instruction publique. La littérature des deux nations s'est enrichie, plus qu'à aucune autre époque, par un échange fécond d'idées, d'impulsions, de recherches. Déjà des esprits optimistes pouvaient croire que les intérêts de part et d'autre étaient si bien enchevêtrés qu'une guerre entre l'Allemagne et la France serait désormais inimaginable.

Comment cet état de paix profonde, de rapprochement sincère, s'est-il transformé en l'état absolument opposé? Je l'ai dit déjà : par la prétention qu'a la France de nous interdire la réforme de notre constitution fédérale, prétention dont l'expression seule est déjà une offense à l'Allemagne, et dont la réalisation aurait constitué, en toutes circonstances, le plus juste cas de guerre.

Je ne fais nulle difficulté d'accorder à M. Thiers, à M. Jules Favre, à M. Michiels qu'il était fort agréable à la France d'avoir à son côté une Allemagne affaiblie, déchirée ; on sait ce qu'écrivait au directoire le général Bonaparte en 1797 : « *Si le corps germanique n'existait* « *pas, il faudrait le créer tout exprès pour nos conve-* « *nances.* » La France n'était pas moins favorisée à ses autres frontières, des Alpes et des Pyrénées, car l'Espagne était encore plus faible que l'Allemagne, et l'Italie encore plus déchirée. Il en est résulté que, petit à petit,

le peuple français s'est pénétré de la conviction que tel
est l'ordre normal de l'Europe : une France une et forte,
entourée d'une clientelle de petits États faibles et dépendants. Aussi, avec quel touchant enthousiasme les orateurs français savent peindre les avantages nombreux,
la haute valeur des petits Etats, toujours, cela va sans
dire, à condition que le grand peuple français fonctionne au milieu d'eux en qualité de directeur, de régulateur ! Longtemps ces orateurs ont affecté d'ignorer
complétement qu'il existât une nation italienne et une
nation allemande aussi bien qu'une nation française ;
ils feignaient de ne connaître que des nations prussienne, saxonne, badoise etc., et affublaient en conséquence leur hostilité contre l'unité allemande du beau
masque de la protection des indépendances nationales.
Ils ont montré une grande indignation de ce que la
nation badoise, par exemple, ne leur savait aucun gré
de tant de générosité : peut-être ne se sont-ils pas rendu
compte de toute la gravité de l'injure que renfermait
leur conduite à l'égard de la nation allemande. On n'a
pas oublié avec quelle énergie et avec quelle insistance
Messieurs Thiers et Favre ont, à toutes les sessions
du corps législatif, depuis 1864, réclamé l'immixtion
de la France dans les questions constitutionnelles alle-

mandes, ni l'immense retentissement qu'ont eu leurs discours dans la France entière, « *Il nous faut une revanche pour Sadowa.* » Tout Français n'avait-il pas cette phrase à la bouche?

M. le comte Benedetti a exercé quelque influence sur la rédaction de certains articles de la paix de Prague. Mais le traité même n'a été ni signé ni garanti par la France. Cela n'empêche pas que tout Français s'imaginait, comme allant sans dire, que la plus légère infraction au traité de Prague serait pour la France un *casus belli.* Il est dans la nature des choses que ce traité ne lie que les contractants ; il oblige par conséquent la Prusse à laisser aux Allemands du Sud leur liberté d'action, mais il ne peut pas imposer à des tiers des prescriptions obligatoires. Il ne pouvait donc pas interdire aux Allemands du Sud l'entrée dans la confédération du Nord. On n'en a pas moins, en France, prêché constamment cette doctrine, que l'épée de la France les empêcherait de passer le Mein. L'Allemagne a supporté ces allures avec une rare patience, mais avec un sentiment mêlé de surprise et de chagrin ; on ne comprenait pas, en Allemagne, comment des hommes si aimables, si spirituels, si intelligents pouvaient s'égarer jusqu'à une outrecuidance aussi blessante, et cela de la meilleure foi du monde, apparemment. Je crois en effet que maints Français se figuraient, en toute sincérité, faire le bonheur de l'Allemagne en la prenant sous la tutelle de leur supériorité ; ils étaient tellement au fait des affaires allemandes qu'ils ne doutaient pas de satisfaire aux besoins les plus urgents du peuple allemand en anéantissant cette moitié de l'Allemagne qui s'appelle la Prusse. Que les Allemands de l'autre moitié préférassent encore être gouvernés par le roi allemand Guillaume que par une influence étrangère, c'est un fait dont les Français desquels je parle, n'avaient pas la moindre idée. A plus forte raison eussent-ils crié à l'absurde, si par hasard un Allemand avait essayé de les éclairer en leur demandant à son tour, ce qu'eux-mêmes ressentiraient si l'Allemagne manifestait la velléité de dire son mot en matière constitutionnelle française, ou de se poser en protectrice des communes de la *nation champenoise*, par exemple, contre le despotisme des ministres de Paris. Certainement ils auraient déclaré fou celui qui aurait ainsi prétendu en faveur de l'Allemagne aux priviléges réservés à la *grande nation*.

M. Michiels excelle dans cette manière d'envisager les choses. Il connaît parfaitement la loi d'évolution historique qui, dans toute l'Europe, a fait succéder de grands

États à l'ancien morcellement féodal, loi qu'il déclare générale, évidente, inéluctable. « Toutes les monarchies « des temps modernes, » dit-il, « se sont formées par « une suite d'annexions. La féodalité avait une ten- « dance générale, permanente, à diviser les territoires, « à disperser les forces des nations. Chaque noble « s'isolait dans son fief et, autant que possible, agissait « en souverain absolu. Pour constituer de grands « peuples, pour réunir les membres épars des natio- « nalités, il fallut donc un travail immense, périlleux, « longtemps soutenu, qui tantôt employait la force et « tantôt employait la ruse (p. 72). » C'est ce qui est arrivé en Grande-Bretagne, en Espagne, en Portugal et en France. M. Michiels juge superflu de perdre un mot de plus sur la légitimité et la nécessité de cet *immense travail* d'unification. « Aucune loi historique « n'a plus régulièrement fonctionné en Europe, depuis « que l'éparpillement du moyen-âge a fait place à la « concentration moderne. » Et il demande, d'un air de triomphe, si, vu cette loi historique, on peut en vou- loir aux rois de France de ce que, pour atteindre un but si légitime, ils n'ont pas toujours observé les lois de la morale individuelle, si même, par-ci par-là, ils ont mis la main, en Alsace et en Lorraine, sur le bien de l'Allemagne. Quelle monarchie d'Europe fut plus vertueuse ? Qui peut jeter la pierre à la France ?

Soit, je n'y veux rien trouver à redire. L'unification des grandes nations européennes était une nécessité historique ; les révolutions, dans l'histoire universelle, ne se font guère à l'eau de rose, mais plutôt par le feu et par le sang. Mais une chose m'étonne de la part de M. Michiels, qui est si perspicace. A ses yeux l'évolution historique est limitée à l'Angleterre, au Portugal, à l'Espagne et à la France. Et tout à coup ce qui pour ces pays était légitime et nécessaire, devient crime pour l'Allemagne et sans doute aussi pour l'Italie. Cependant les Hohenzollern n'ont pu faire en Allemagne que ce qu'ont fait les Capétiens en France, c'est-à-dire « employer tantôt la force tantôt la ruse » dans leurs « efforts prodigieux » pour « constituer un grand « peuple. » Eh bien, M. Michiels ne voit plus ici aucune « loi historique », mais « un boa constrictor, « un État qui ronge les États voisins comme une lèpre « et un cancer ; l'ulcère grandit toujours ; la bête « immonde se réveille, - elle a une faim terrible. » Autant que je puis voir, la différence essentielle entre les deux évolutions, c'est que les Capétiens se sont pendant trois siècles approprié ce qui appartenait à l'Alle-

magne, tandis que les Hohenzollern n'ont jamais cherché
à s'emparer de provinces françaises. Mais pour M. Michiels la chose est plus simple encore ; les Capétiens
ont travaillé pour la primauté de la France en Europe ,
les Hohenzollern et l'unité allemande font obstacle à
cette primauté. Donc honneur et gloire aux Capet , aux
Hohenzollern la *lèpre* et le *cancer*.

Partant de ce point de vue, l'origine de la guerre de
1870 paraît étonnamment claire à M. Michiels. D'abord,
c'est pour lui chose notoire que la France est intervenue
dans la paix de Prague. Que la France ne pût pas
tolérer l'union des États du Sud avec la Prusse, c'est
encore pour lui ce qui va sans dire. Mais M. de Bismarck convoitait les États du Sud et il fallait , pour
arriver à une annexion , rendre caduc le traité de
Prague. M. de Bismarck résolut donc de se faire atta-
quer par la France , en temps utile. Auparavant, il fit
raconter aux Allemands du Sud, par *un bataillon de
scribes teutoniques* , que la France était leur ennemie
héréditaire , qu'elle les avait maltraités jadis , qu'elle
avait conquis des provinces allemandes (1). La masse

(1) M. de Sybel atténue le passage qu'il cite. L'auteur français s'est
permis ici une joyeuseté , qui n'est point déplacée dans son pamphlet ,
mais qui salirait un écrit sérieux. *(Note du Traducteur.)*

ignorante applaudit à ces sottises. Là-dessus, M. de Bismarck se mit à l'œuvre et arrangea l'agression française.
« L'araignée tendit sa toile , et plein de confiance dans
« des lumières qu'il n'avait pas, le moucheron impérial
« vint s'y précipiter. »

M. Michiels oublie de nommer quelqu'un de ces
scribes qui ont , avant le 15 juillet , parlé de l'Alsace
aux Allemands du Sud. Il oublie également d'apporter
la plus légère preuve à l'appui de l'affirmation que
M. de Bismarck serait l'auteur de la candidature du
prince Léopold de Hohenzollern. Il oublie de mentionner
la condamnation prononcée à l'unanimité par l'Europe
sur la politique de M. le duc de Gramont , ainsi que
l'immense jubilation affichée alors dans la France entière.
Je pense donc que l'on continuera à s'en tenir au fait
connu , que la France, en 1870 , a commencé la guerre
sans aucune provocation de notre part , si ce n'est que
l'Allemagne était en train de se constituer à sa guise et
non pas au gré des Français. Nous avons été contraints
à une guerre de légitime défense. Victorieux , c'est
notre droit bien simple de rectifier notre frontière ;
surtout si par cette rectification nous ne faisons que
reprendre notre ancienne propriété.

Je rencontre une dernière objection laquelle , à la

vérité , n'a pas été soulevée par M. Michiels, mais bien par des personnages plus autorisés que lui , et récemment encore par M. Guizot dans une lettre adressée à M. Gladstone. Cette objection a trouvé beaucoup d'écho, notamment en Grande-Bretagne, où le sentiment de sécurité , naturel aux habitants d'une île , n'est peut-être pas étranger à une certaine propension aux exhortations humanitaires.

L'empereur Napoléon , dit-on , a commencé la guerre injustement. Mais, depuis Sédan , ce n'est plus lui qui est l'adversaire de la Prusse. La paix a été offerte par la république, c'est-à-dire par le peuple français. Pourquoi la Prusse ne l'a-t-elle pas acceptée? En continuant la guerre, la Prusse a pris le rôle d'agresseur et n'a plus , dès lors , de titre juridique à la conquête de pays français.

J'ai déjà montré ce qui a poussé l'empereur Napoléon à déclarer la guerre. Il est vrai que l'opposition recommandait de ne pas faire la guerre pour le moment , attendu que , par la faute de l'empereur, la situation n'était pas bonne. Mais en même temps on faisait retentir sans cesse les accusations d'ineptie ; des hommes sensés et instruits , tels que feu M. Prévost-Paradol et M. Dupont-White ; faisaient assaut de vivacité et de violence, dénonçant l'unité allemande, dont la réalisation approchait , à la colére de la nation ; l'extrême gauche donnait à *l'humiliation de la France à Sadowa* une place éminente dans son programme ; la *Revue des Deux-Mondes* trouvait tout naturel qu'on fît voir à la Prusse la pointe de l'épée de la France au moment où elle voudrait passer le Mein (1). C'est cette excitation permanente de la nation française , et rien autre , qui a décidé Napoléon III. Et l'on veut que la chute de cet empereur soit pour nous un motif de réduire les exigences que nous avons le droit de formuler vis-à-vis de la nation, comme garanties de la paix future? Parce que ceux qui, les premiers , ont allumé l'incendie , sont parvenus au pouvoir , nous devrions déclarer nos vœux satisfaits et les dangers, qui nous menaçaient, écartés? Je sais qu'on raconte encore aujourd'hui que le roi Guillaume aurait annoncé solennellement en entrant en campagne , qu'il

(1) Cette attitude de la France est fort justement remarquée par un correspondant du *Daily-News* (15 septembre) : « Le désir d'enlever à « l'Allemagne la rive gauche du Rhin est partagé par les orléanistes , « les libéraux modérés , les républicains , en un mot par toute la « France. Des hommes de tous les partis l'ont exprimé , le catholique « Montalembert, Michel Chevalier, l'apôtre de la liberté commerciale, « Thiers, l'orléaniste, Jules Favre , républicain modéré, le poëte répu- « blicain Victor Hugo , les républicains socialistes , Louis Blanc et « Barbès. Eux tous, leurs partis, leurs partisans ont parlé et ont écrit « sur la nécessité de prendre la rive gauche du Rhin. »

entendait faire la guerre à l'empereur et non à la nation française. Ceci a été démenti et réfuté cent fois, et toujours il se trouve des gens pour le croire à nouveau. Répétons-le donc une fois de plus : le manifeste royal déclarait dans les termes les plus clairs et les plus simples que le roi combattrait les *soldats armés* et non pas les *citoyens paisibles* de la France. Il promettait ainsi, comme chacun le voit, d'épargner les habitants des villes, des villages, des campagnes, — bien entendu s'ils ne tiraient pas, par derrière, sur ses soldats ! Qu'ont à faire ici l'empire et la république ?

Jusqu'à présent on a toujours tenu pour un principe bien établi en droit public européen, que celui qui prend en main le gouvernement d'un pays, assume les obligations et la responsabilité de ses prédécesseurs vis-à-vis des puissances étrangères. La maxime opposée serait la négation de tout le droit international. Chaque fois qu'un souverain mourrait ou qu'un pays se mettrait en révolution, l'état légal de l'Europe entière en serait ébranlé. Quelque fût donc au mois de septembre le gouvernement de Paris, il était tenu envers l'Allemagne des suites de l'agression de juillet, et toute exigence allemande qui était juste vis-à-vis de Napoléon III, l'était aussi vis-à-vis de ses successeurs, qu'ils le fussent devenus par révolution ou par hérédité. Si le peuple français était aussi pacifique que le représente maintenant M. Guizot, pourquoi n'a-t-il pas élevé la voix en 1867, en 1869, en 1870 contre les provocations, contre les diatribes de ses journaux et de ses députés ?

Non, le véritable adversaire de l'Allemagne, avant Sédan et après Sédan, ce n'était pas tant le gouvernement impérial que la surexcitation du sentiment national français, qui ne peut pas se faire à l'idée de laisser les autres peuples arranger leurs affaires intérieures comme ils l'entendent. C'est là le danger, contre lequel l'Allemagne doit chercher, après Sédan aussi bien qu'avant, des garanties matérielles. Elle peut le faire en toute tranquillité de conscience. Elle ne se laissera point émouvoir non plus par la démonstration de M. Guizot, qui déclare qu'aujourd'hui, pour la première fois depuis la chute de Napoléon I, l'ambition conquérante ose se montrer en Europe le front découvert. Pour la première fois depuis 1815 ? Mais nous avons ouï parler d'une annexion de la Savoie et de Nice, d'une conquête de l'Algérie, de la Cochinchine, pour ne rien dire d'une tentative faite au Mexique, et nous savons que ce n'est ni la Prusse ni l'Allemagne qui a donné ces exemples à l'Europe étonnée. Nous avons entendu des voix françaises de bonapartistes, d'orléanistes, de républicains, proclamer depuis des années la conquête de la rive gauche comme le but nécessaire de toute politique nationale. Ils voulaient Mayence et Cologne, nous demandons Metz et Strasbourg, mais avec cette différence, qui n'est point à dédaigner, qu'ils ont élaboré leur programme en pleine paix et que nous avons fait le nôtre dans la guerre défensive qu'ils nous ont imposée. Il en est des conquêtes allemandes aujourd'hui comme en 1840. Que celui qui nous touche, prenne garde à lui. Celui qui nous laisse en repos, peut dormir en paix, malgré notre ambition.

Nous estimons donc que nous avons le droit, après Sédan comme avant, de reprendre cette bande de terrain-frontière de trois myriamètres de large qui va de Bâle à Luxembourg.. Si nous ramenons ainsi la France au nombre d'habitants qu'elle avait en 1859, avant ses conquêtes en Italie, est-ce que nous ruinons par là son existence, est-ce que nous mettons même en péril son rang de puissance de premier ordre.? Évidemment, pour le prétendre, il faut être un fanatique ou un insensé. Mais il est une chose que l'Allemagne voudrait détruire pour toujours en France. C'est cette présomption folle qui voit l'état normal de l'Europe dans la faiblesse et dans le morcellement des autres peuples et revendique bien au-dessus de tous une position privilégiée. Nous croyons que lorsque cette présomption sera extirpée, nous serons alors seulement, et l'Europe avec nous, à l'abri des secousses qui nous ont inquiétés jusqu'aujourd'hui. Nous croyons même que la prospérité réelle de la France n'en souffrira pas, qu'au contraire la France gagnera en santé politique, en vigueur militaire, en culture excellente de l'esprit, lorsqu'elle ne visera plus à exercer une vaste tutelle sur les nations, mais se bornera à entretenir des relations fraternelles avec ses pairs.

Si j'ai tant insisté sur l'état de choses antérieur que nous ne pouvons plus tolérer, c'est que l'avénement d'un avenir meilleur me tient au cœur.

VI

Qu'il me soit permis d'ajouter quelques mots au sujet de la nationalité et des vœux des populations de la Lorraine allemande et de l'Alsace.

M. Michiels s'est fait sur la nationalité de ces populations des idées au moins aussi étranges que sur tous les autres faits de leur histoire.

La Lorraine, selon lui, est francisée complétement depuis l'avénement de la maison d'Anjou-Guise. Il ignore apparemment que Don Calmet, qu'il a en si grand respect, témoigne expressément pour le dix-huitième siècle comme pour le treizième, qu'une partie de la Lorraine parle l'allemand et l'autre le français, « et que sur les frontières la plupart des peuples « parlent ces deux langues (1). » Était-il besoin, d'ailleurs, pour le savoir, de recourir au digne Bénédictin ? M. Michiels n'a-t-il jamais ouï dire qu'à présent encore

(1) D. Calmet, *Histoire* II, 229.

5.

la partie Nord-Est du pays s'appelle l'*Allemagne* dans la bouche du peuple, que les habitants en sont allemands, presque sans mélange, que jusqu'en 1748 les délibérations officielles s'y faisaient en allemand, que l'instruction s'y donnait en allemand, que la justice s'y rendait en allemand *dans toutes les instances*?

Ce que M. Michiels dit de l'Alsace est plus bizarre encore. Il assure que si les habitants en jargonnent un patois germanique, ils sont, néanmoins, aussi peu allemands de race « *que les Juifs qui vivent en Allemagne!* » Je ferai remarquer en passant que si M. Michiels en est encore, comme il semble, à prendre les Israélites pour des étrangers dans leurs résidences respectives, il aurait eu toute raison de voir le plus grand péril pour l'indépendance nationale de la France non dans l'invasion allemande, mais dans le gouvernement républicain de Messieurs Crémieux et Jules Simon. Mais parlons sérieusement. De quelle race croit-il donc que soient les Alsaciens? Il les prend pour ni plus ni moins que les fils des anciens Gaulois, qui occupaient il y a 2000 ans toute la rive gauche du Rhin, et il apporte un témoignage prouvant que même à Trèves et encore au quatrième siecle de notre ère les classes cultivées parlaient latin et la masse du peuple gaulois! Le témoignage est habilement choisi, puisqu'il date justement des dernières années avant la grande migration qui a conduit les Allamannes en Alsace. Mais voici ce que la science historique, avant M. Michiels, n'a jamais révoqué en doute : les Allamannes, après avoir pénétré en Alsace, en ont extirpé l'ancienne population , dans des guerres acharnées qui ont duré cent ans , et ils ont entièrement germanisé cette contrée. Le plus grand savant qu'ait eu l'Alsace au quinzième siècle, Wimpheling , repousse avec une patriotique indignation toute prétention française sur son pays et demande , en mettant avec une parfaite justesse le doigt sur le point décisif , combien de noms locaux en Alsace sont d'origine gauloise ou romaine ? Nous pouvons, avant toute discussion ultérieure , attendre la réponse que M. Michiels saura donner à cette question. En tout cas il est bien certain que si M. Michiels soutient l'existence d'un élément gaulois dans cette population qui parle, sans exception, depuis quatorze siècles le dialecte souabe de ses voisins d'outre Rhin , c'est à lui à fournir la preuve de ce qu'il avance.

Du reste , on voit bientôt qu'il n'attache pas grande importance au langage. Non pas qu'il fasse précisément fi de la nationalité , comme d'une *chose déplorable ,* ainsi que le fait M. Thiers , mais il n'en déclare pas moins , d'une façon très-positive (p. 79) , que le principe des nationalités n'est point absolu , que ce principe se combine avec le principe du territoire, que « des « populations de nature différente vivent très-bien sous « le même régime politique, quand la forme, les condi- « tions et les propriétés du sol les réunissent. » Parfaitement vrai. Seulement , voici que reparaît notre ancienne querelle. Pour M. Michiels, les bons principes valent juste autant que l'exige ou que le permet l'intérêt français. Ainsi , dans la question qui nous occupe , le principe indiqué est bon à prouver que les Allemands d'Alsace et de Lorraine pouvaient fort bien être soumis à la domination française. Mais il n'est bon qu'à cela. Quant à moi , je crois qu'un bon principe reste bon , même lorsqu'il peut servir à l'Allemagne contre la France ; qu'ainsi , par exemple , les Messins de la Haute-Moselle , qui parlent français , peuvent fort bien être réunis sous la domination allemande aux Allemands de la Moselle inférieure , — une opinion que M. Michiels a qualifiée une fois pour toutes de *sottise* et d'*indignité*. Pour l'Alsace , en particulier , il me semble que chacun des arguments de M. Michiels appuye nos désirs. Les habitants sont de même race , non pas que les Français d'au-delà les Vosges , mais que les Badois d'au-delà du Rhin. Le fleuve est à la vie sociale des peuples, non pas un moyen d'isolement, mais une voie de communication , tandis que la montagne rend tous les rapports plus difficiles. Donc « la forme et les propriétés du sol « non moins que la langue et la race parlent en faveur de l'union politique des Alsaciens avec l'Allemagne , et contre leur union avec la France. La frontière du Rhin est une limite contre nature. C'est aux Vosges qu'est la vraie limite naturelle.

Nous savons que les Lorrains sont devenus bons Français depuis 1766, et que les Alsaciens sont devenus bons Français depuis 1801. Nous savons qu'aujourd'hui la plupart d'entre eux répugnent à se rejoindre à leur ancienne patrie. Nous ne pouvons refuser notre estime au sentiment qui les fait penser ainsi. Ils sont nés, ils ont grandi au sein de la communauté française, et s'ils ne se sentaient pas Français malgré leur langue allemande, ils n'auraient ni civisme ni patriotisme. Mais nous fondons un ferme espoir sur la force de la nature, qu'on peut bien faire dériver pendant un temps dans des canaux artificiels, mais qui n'en reprend pas moins son cours régulier, avec un surcroit d'abondance, quand les barrages sont enlevés. Aujourd'hui les Alsaciens aiment la France et n'aiment pas l'Allemagne. Bientôt ils sentiront qu'en Allemagne ils sont au milieu des leurs. Ils goûteront en Allemagne ces bienfaits de l'ordre le plus élevé qui les ont attachés à la France, la conscience d'une nationalité vigoureuse, la sécurité d'un état puissant, les sciences et les arts en plein épanouissement, une vie parlementaire avançant dans la voie du progrès, un vaste marché pour l'industrie. Et ils jouiront de plus de liberté religieuse, ils auront des écoles plus nombreuses et meilleures, une organisation communale plus libre, des impôts moins onéreux ; dans l'armée le paysan, l'ouvrier servira côte à côte avec les fils des classes instruites. Ils ne tarderont pas à reconnaître que le *militarisme* prussien, dont on parle tant, gouverne avec plus de douceur et donne plus de liberté que ne l'ont fait en France le premier et le second empire, la première, la deuxième, la troisième république. Nous sommes convaincus qu'ils reprendront un cœur allemand plus vite qu'ils n'ont revêtu les formes françaises.

Quant au principe énéral du consentement des populations, du droit des populations à disposer elles-mêmes d'elles-mêmes, nous y voyons à la fois ce que les Anglais appellent un *truism*, c'est-à-dire une vérité évidente jus-

qu'à la trivialité, et un mensonge. On ne vend pas des hommes comme un troupeau de bétail : c'est une vérité de la généralité la plus indubitable. Mais, d'autre part, les hommes ne sont pas des solitaires, ils sont membres de grandes communautés, et comme tels ils ont le devoir de subordonner leurs désirs individuels aux besoins de ces communautés. Je suppose que deux grandes nations, telles que la France et l'Allemagne, ne puissent régler le conflit qui les divise, qu'en rectifiant leurs frontières actuelles ; n'est-il pas nécessaire que les habitants de ces frontières fassent au bien de l'ensemble le sacrifice de leurs sentiments particuliers ? Il y aurait barbarie à refuser à un sujet malgré lui le droit d'émigrer, et il est clair que nul en Allemagne n'y songe ; les Alsaciens auxquels le déploiement de la bannière germanique semblera chose insupportable, seront libres, une fois la paix faite, d'aller rejoindre au-delà des Vosges le drapeau tricolore. Mais les négociations qui décident, à Versailles, du bonheur ou du malheur de quatre-vingts millions d'âmes ne sauraient être rendues dépendantes du vote d'un million et demi d'Alsaciens et de Lorrains, ou même, s'il y avait une majorité et une minorité, du vote de quelques milliers ou de quelques centaines....
— Pour trancher ces grandes questions, un seul tri-

bunal est compétent , c'est la représentation légale de l'ensemble de la nation , c'est-à-dire en ce moment du côté de l'Allemagne l'Empereur et le parlement , du côté de la France l'assemblée constituante. C'est alors lavoix du peuple entier qui parle, et quand elle a parlé, il faut bien que les désirs des individus se taisent. Ceci a toujours été reconnu en France. On a vu avec quelle répugnance les États et les villes de l'Alsace , les citoyens de Metz , les populations de la Lorraine ont subi l'annexion. Qu'a-t-on répondu à leurs plaintes ? Je reproduis ici le raisonnement de l'historien français de la paix de Westphalie , du P. Bougeant. Il est à remarquer que ce raisonnement a été adopté par les législateurs de l'assemblée nationale qui l'opposèrent aux remontrances des États alsaciens.

« Si c'était un avantage » , dit Bougeant , « pour les
« États immédiats de l'Alsace de rester sous la souve-
« raineté de l'Empire plutôt que de passer sous celle
« du roi de France , ils avaient lieu sans doute d'être
« fâchés de s'en voir privés ; mais ce n'était ni leur
« inclination ni leur avantage particulier qui devait
« décider la chose..... Fallait-il , pour conserver aux
« villes et aux seignéurs particuliers d'Alsace leur sujé-
« tion sous l'Empire, exposer l'Empire même à périr et

« continuer à verser des fleuves de sang dans toutes les
« provinces de l'Allemagne? N'était-ce pas là une de
« ces circonstances fàcheuses où la raison et l'équité
« veulent qu'on sacrifie quelques particuliers pour con-
« server l'État et qu'on abandonne une partie pour
« sauver le tout? » De deux choses l'une. Ou ces
maximes étaient fausses en 1648, en 1681, en 1790 ; en
ce cas la France n'a pas le droit de parler d'une possession légitime de l'Alsace. Ou bien elles étaient justes
alors ; en ce cas elles le sont encore à présent, et elles
le sont pour la réacquisition par l'Allemagne comme
elles l'ont été pour l'acquisition par la France.

M. Thiers ne nous désavouera pas. Le 18 mars 1867
il s'est prononcé d'une manière générale contre la thèse
que vont sans doute soutenir plusieurs de ses amis,
au corps législatif, dans les termes suivants :

« Le principe nouveau.... du consentement des
« populations est un principe *arbitraire, très-souvent*
« *mensonger* et qui n'est au fond qu'un principe de *per-*
« *turbation* quand on veut l'appliquer aux nations »

Et il avait dit le 13 avril 1865, aussi au corps législatif :

« Si les Badois voulaient, par je ne sais quel caprice
« qu'on rencontre quelquefois chez les peuples, se donner

« à la Prusse , est-ce que vous y consentiriez ? Si les
« Saxons.... voulaient se donner à la Prusse , est-ce
« que vous y consentiriez ?

« *Le droit de disposer de soi n'est pas un droit*
« *absolu.* »

Tantôt en Alsace et en Lorraine , la France a agi
selon les maximes de l'assemblée constituante et de
M. Thiers , tantôt elle a simplement pris , en vertu de
la raison du plus fort. Les Messins en 1552 , les dix
villes en 1676 , les États réunis en 1680 , les Stras-
bourgeois en 1681 , les Lorrains jusqu'en 1737 , les
princes possessionnés en Alsace en 1790 , tous se sont
plaints , tous ont protesté , tous ont résisté. La France
n'en a pas tenu compte.

Parlera-t-on des progrès de la civilisation au XIXe
siècle, progrès qui doivent se manifester dans les lois de
la guerre comme partout ? Aujourd'hui la France met
Nice en état de siége et garde les Niçards contre leur
gré. Et l'on n'a pas songé, que je sache, à consulter par
plébiscite les tribus de l'Algérie sur l'amour qu'elles
portent à la domination française. Cependant M. Michiels
crie à la barbarie , quand l'Allemagne reprend l'Alsace
contre la volonté présente et momentanée des Alsaciens.

On le voit, c'est toujours le même système. Ce qui fait

par la France , est juste et bon, est immoral et absurde lorsqu'une autre nation le fait au préjudice de la France.

Plus sera grand le nombre de voix qui prêcheront en France pareille doctrine , plus impérieuse sera pour l'Allemagne la nécessité d'améliorer matériellement ses frontières.

———

Au moment ou j'écris ces dernières pages , on me communique un journal (1) où M. Alfred Michiels traite de la dévastation du Palatinat par les armées de Louis XIV et accuse les Allemands de commettre les mêmes atrocités en France , pour satisfaire les désirs de vengeance qui se sont durant deux siècles amassés dans leur cœur.

Je m'associe volontiers et du fond de mon âme à un vœu qu'émet M. Michiels. Puissent les peuples belligé-rants prendre pour modèle désormais non la barbarie des temps passés, mais l'humanité d'un avenir meilleur !

Seulement, M. Michiels n'a pas le droit d'imputer à crime aux armées allemandes la manière dont la guerre

(1) L'*écho français*, de Bruxelles, 1er février 1871.

se fait aujourd'hui. C'est aux gouvernants de la France impériale et de la France républicaine que ses accusations doivent s'adresser.

Dès les premiers commencements de la guerre, qui a chassé de son territoire les citoyens paisibles appartenant à la nation ennemie , en les dépouillant , en leur faisant subir des mauvais traitements de toute sorte ? Qui a refusé de respecter la propriété privée sur mer ? Qui a déchaîné et lâché contre les provinces ennemies des sauvages d'Afrique , malgré les horreurs commises en 1859 par ces sauvages en pays ami ? Qui s'est permis , à propos d'un mensonge , de proférer d'infâmes menaces , ouvertement , au sein de la représentation nationale , contre les femmes de la nation ennemie (1) ? Est-ce en Allemagne ou est-ce en France qu'ont eu lieu ces actes , qui blessent tous les sentiments de la civilisation moderne ? Et , les ayant commis , la France aurait-elle le droit de se plaindre si , par de justes représailles , l'Allemagne en avait fait la règle de sa propre conduite ? Elle ne l'a point fait , cependant. Le monde entier le sait. De nombreux rapports de témoins

(1) On n'a pas oublié les débats du Corps législatif, ni les paroles qu'y a prononcées M. le comte de Kératry à l'occasion du faux bruit que l'infanterie badoise se serait servie de bases explosibles.

impartiaux, de correspondants anglais, autrichiens, suisses, attestent que jamais armée victorieuse n'a observé plus stricte discipline que l'armée allemande, que jamais les personnes et les biens de la population civile d'un pays envahi n'ont été mieux respectés qu'en France dans la première moitié de cette guerre. J'ai sous les yeux le *Quarterly Review* de janvier, j'y vois une étude inspirée par une haine amère contre l'Allemagne et qui doit être par conséquent aussi sympathique que possible à M. Michiels : cette voix hostile déclare (p. 156) que jusqu'à Sédan la conduite des armées victorieuses a fait honneur à leur patrie et qu'en général la tenue, la manière d'être des troupes allemandes méritait toute estime. Je ne conteste pas que dès lors la guerre a pris un caractère plus dur, que la distinction entre soldats français et citoyens français n'a pas toujours été observée aussi rigoureusemen que l'avait prescrit le manifeste du roi. L'Allemagne l'a remarqué avec un sentiment de tristesse profonde, que lui dictait l'humanité, non moins que la multitude de liens d'amitié qui existent entre Allemands et Français, et que la crainte de voir nos soldats s'endurcir, se détériorer moralement, par l'influence du mal, à laquelle les natures même les plus droites et les plus honnêtes ne peuvent guère à la longue échapper. Mais qui est cause de ce mal, qui l'a rendu inévitable, qui doit en supporter la responsabilité ?

Personne n'a blâmé l'énergie patriotique du gouvernement de la défense nationale, ne reculant devant rien de ce qu'il croyait propre à tirer le pays de sa situation désespérée, décrétant la levée en masse, obligeant à une résistance armée des places sans fortifications, excitant paysans et bourgeois, par des proclamations et instructions officielles à faire la guerre de partisans, et donnant à la plupart des francs-tireurs un prétendu uniforme dont ils refont à volonté le costume de tout le monde en ôtant un brassard ou en jetant une casquette. Mais quand on recourt à ces moyens extrêmes, on en prend sur soi les conséquences. On veut faire des paysans des soldats et ils agissent en brigands : on ne doit pas s'étonner alors si l'ennemi les traite en brigands. On ordonne aux villes ouvertes de résister comme des forteresses : on doit s'attendre à ce que l'ennemi les bombarde comme des forteresses. Telle a toujours été la coutume de la guerre, en France comme ailleurs. Toujours les Français ont traité en brigands les corps-francs et les *guerilleros*, et brûlé les villages qui avaient pris part à leurs entreprises. Les généraux de la république n'ont pas plus hésité sur ce point que ceux du premier empire, et lorsqu'en Prusse, en 1813, on a fait appel à la nation comme en France en 1870, nul n'ignorait à quels dangers il allait s'exposer. Pour qui désire que la guerre s'adoucisse, s'humanise, il n'est pas de devoir plus pressant que de s'élever contre les levées en masse et les guérillas populaires, qui contraignent l'adversaire à oublier parfois l'humanité pour ne songer qu'au devoir de sa propre conservation.

Quand on a soi-même créé la cause, il est à la fois puéril et criminel d'accuser son adversaire de barbarie parce que les effets nécessaires se produisent. C'est ainsi qu'on attise le feu des haines nationales que tout homme de cœur doit au contraire s'efforcer d'éteindre.

9 782329 005942